金融区块链

下一场金融革命

深圳前海瀚德金融科技研究院◎组编
曹彤◎主编

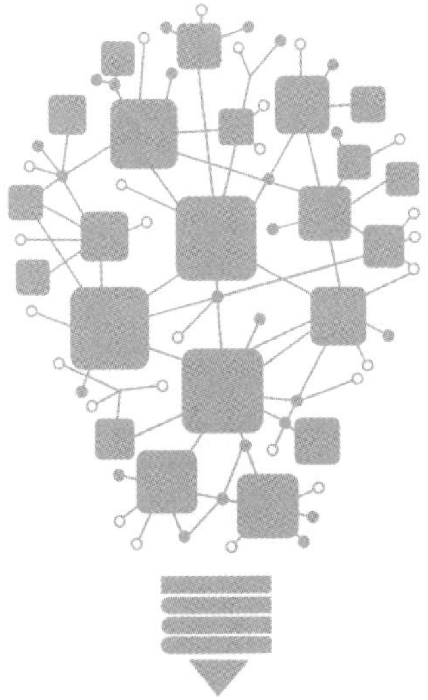

机械工业出版社
CHINA MACHINE PRESS

本书通俗易懂地介绍了区块链技术在金融领域的应用范围、实践案例和未来趋势。在讲述技术理论的同时，汇集了大量成功案例，从共识、信任和智能金融这三个角度由浅入深地向读者介绍了区块链的由来与发展，区块链的去中心化、分布式账本、智能合约、智能社会的技术原理和特征，区块链在金融业的应用前景以及对区块链的展望与畅想等，引领读者走进并读懂金融区块链的世界。

本书对区块链如何帮助银行、证券、保险、资产管理公司和第三方服务机构等金融机构构建更加高效和智能的基础架构做了详细阐述，助力自金融的发展，引领可编程经济社会体的到来。作为一本金融区块链的科普读物，本书适合普通金融从业者及对新金融感兴趣的读者阅读。

图书在版编目（CIP）数据

金融区块链：下一场金融革命/深圳前海瀚德金融科技研究院组编；曹彤主编. —北京：机械工业出版社，2017.5（2018.5 重印）

ISBN 978-7-111-56751-6

Ⅰ. ①金… Ⅱ. ①深…②曹… Ⅲ. ①电子商务—支付方式—应用—金融 Ⅳ. ①F83

中国版本图书馆 CIP 数据核字（2017）第 097244 号

机械工业出版社（北京市百万庄大街 22 号　邮政编码 100037）
策划编辑　李　鸿
责任编辑　康会欣　孙东健
封面设计　高鹏博

北京宝昌彩色印刷有限公司印刷

2018 年 5 月第 1 版 · 第 3 次印刷
170mm×242mm · 11.5 印张 · 165 千字
标准书号：ISBN 978-7-111-56751-6
定价：39.00 元

凡购本书，如有缺页、倒页、脱页，由本社发行部负责调换

电话服务	网络服务
社服务中心：（010）88361066	教 材 网：http://www.cmpedu.com
销 售 一 部：（010）68326294	机工官网：http://www.cmpbook.com
销 售 二 部：（010）88379649	机工官博：http://weibo.com/cmp1952
读者购书热线：（010）88379203	**封面无防伪标均为盗版**

编辑委员会

前言

一、区块链是推动金融业代际跃升的重要力量

2014年10月，在比特币备受各国央行打压之时，大英图书馆举行了一场关于比特币未来的研讨会。在会上，比特币的底层技术——区块链，引起了人们的兴趣。这项有趣的技术，可广泛应用于政府治理、公共管理、金融交易、资产公证等领域。自此，区块链正式从幕后走向前台，进入了更多创新人士的视野，并迅速在全球范围内掀起研究热潮。

区块链技术在经历了最早仅应用于比特币等数字加密货币的1.0阶段之后，开始迅速向金融与智能商业合约的2.0阶段挺进。银行、证券、保险等传统金融机构以及其他更广泛的商业机构都可以与区块链结合，产生创新应用场景。尽管如此，区块链技术仍然处于发展的早期阶段，面临着种种局限性和不确定性。然而，就如同20年前的互联网技术一样，重重困难也难掩其价值。区块链在中国日新月异的发展当中，最重要的价值就是推动金融业的发展与创新。由于互联网金融的快速扩展已持续了20年，其显现出的问题仅靠互联网本身难以化解，需要更新一代技术来满足社会各方对金融服务日新月异的要求。区块链技术由于其去中心化、不可篡改、共识性、匿名性、自治性和开放性等特性，能够帮助传统金融业在很大程度上降低成本，提高安全性，扩展金融的业务和从业者范围，提升客户体验。区块链技术将会成为

推动金融业代际跃升的重要力量，为我们开启下一代金融革命，引领金融业进入全新时代。

二、区块链帮助金融业提高共识

在区块链的世界里，任何一条交易都需要通过网络广播出去，只有获得了一定数量节点的认可之后才能写入。这样的安排可以确保任何被写入区块链的信息都是取得了共识的，被足够多的节点共同认可的，其真实性和有效性会在更高维度上得到保障。尽管互联网技术是为解决信息不对称而生的，但这些大量的、碎片化的信息真真假假，其中混杂着海量的无用和失真信息，形成信息的二次不对称性。在区块链网络中，只有达成共识的信息才被写入，无用和虚假信息会被自动拒绝。在金融业，很多欺诈和违约是由于信息不对称造成的，例如资产重复抵押、虚假身份验证等。区块链技术能够帮助金融业建立更广泛的社会共识机制，降低金融业的风险，提高其安全强度。

三、区块链推动金融业诚信系统构建

区块链技术建立的数据库是基于时间序列的不可篡改的信息记录。由于区块链网络中引入了工作量证明机制，它在现有的基于评级模型的金融系统之外另辟蹊径，开创了无须第三方信用背书的基于区块链的金融网络，有效地解决了自证其信的问题。区块链网络用自身的技术特征杜绝了人为因素，从而成为真实有效的征信系统的基础。金融机构可以将企业征信、个人征信、第三方增信系统引入区块链技术。此外，在客户数据库的客户身份验证、反洗钱反欺诈方面，区块链也能够帮助金融机构降低风险和合规成本。在建立诚信金融、诚信社会的过程中，区块链将是减少信任成本、削弱市场摩擦的利器。

四、区块链推动金融进入智能合约时代

现有的金融系统是依靠人来操作的。区块链智能合约为通往新型的自动化、数字化合约目标铺设了一条道路。智能合约将现有的传统合约迁移至区块链网络，条款以事先植入的计算机算法的形式存在，同时通过接入外部可信数据库，自动触发和执行后续操作。智能合约首先得以在标准化的简单合约中推行（例如金融衍生品合约），之后可以尝试在更广的范围内试行。智能合约可以帮助金融机构杜绝人为失误，有效记录事实，清晰划分责任和义务，并自动触发合约的执行，其实质是促进金融服务的个性化，催生“小众规模化”全新模式。

五、区块链将开启自金融时代

人类社会的早期金融形态就是一种“自金融”形态，即每一个个体都是金融主体。随着工业化的发展，集中化与专业化成为社会的主要形态，金融业则表现为以金融机构为核心的间接金融体系。随着互联网成为社会生活的底层通用技术，分散化与多元协作化日益成为社会发展的主流取向，Uber 与 Airbnb 等模式是典型代表。区块链技术无疑是在这一趋势下出现的一个助推器。互联网技术在“去中心化”的同时却创造了新的中心，严格意义上与“互联网精神”相悖，但在区块链叠加到互联网技术上之后，则有可能创造真正的多中心。这些多中心在社会学属性上具有自治性，在金融业态上则表现为真正的“自金融”，一种超越信息不对称性的全新金融业态。人类社会几千年的演绎，终因技术发展而螺旋式重回“自金融时代”。金融的效率性、安全性及营利性将达成一种更高水平的平衡。

从这个意义上说，我们不能仅将区块链视为一种信息技术，因为它将构

成一个全新的时代。400 年来，现代金融始终在构筑和强化中心化的体系，体系的中心是那些工业制造强国和国际贸易强国，我国一直处于边缘和跟跑地位。21 世纪，人类社会明显进入技术和数字时代，金融体系开始由技术元素和数字强国主导，这一趋势已由互联网金融所证明。展望未来，我们有理由相信，今天耳熟能详的“互联网金融”，将会很快迭代为“区块链金融”，并将进一步演绎为“自金融”。从这个意义上看，我国的区块链实践关乎全球金融体系的重构，关乎全球金融模式与发展轨迹，更关乎中国在全球的金融地位与价值贡献。

为此，每一位金融从业者都应高度关注区块链和其他全新的数字技术，关心金融科技，并勇于实践。

目录

第 1 章　区块链开启新金融时代

1.1　金融界风云突变

在过去的几个世纪里，各国都在以中央集权的方式发行货币。东方国家垄断货币发行权，更是有将近两千年的历史。中国西汉时期，汉武帝为了加强中央集权，推行了包括统一铸币在内的一系列经济政策。此后，虽然朝代更迭，这些垄断经济政策却一直被延续了下来。明清时期，官方更是推行了“海禁”来阻止非官方贸易。货币在全球范围内都被国家集权所垄断，各国货币通过法定含金量来体现价值。

从 1971 年美元放弃金本位制开始，全球货币进入了一个新的阶段，彻底放弃了与金银的内在联系，也不再受到金银数量有限的限制，以国家主权信用担保的“信用货币”成为货币发展史上的一大深刻转变。自此，国家主权信用货币失去了掣肘，以美国为代表的许多国家进入了疯狂印钞的时代，只要经济出现问题，就开启一轮量化宽松政策，开启印钞机，加大货币供应量。而就是这日夜不停哗哗作响的印钞声，为经济危机埋下了巨大的隐患。

随着人类经济活动的发展，演化出一种新的资金融通活动，称作“金融”。人们将自己暂时用不到的闲置财富，借给急需消费或者生产的人，将资源再配置，以提高财富的有效利用度和社会产出。相对于需要借贷双方相识并且互相信任的直接融资方式，将资金交给信任的金融中介的间接融资方式更被人所青睐。居民将自己的存款存入银行，借款人通过银行将这笔存款贷出并用于消费或生产，而这笔钱最终又会被转化为存款，银行吸收存款后可以再次放贷。这样一来二去，杠杆被放大到若干倍，人们不断透支未来的资产，用于现在的需求。但是，一旦产生过度信用消费，银行将会产生大规模的不良贷款，进而引发系统性金融风险。例如 2008 年的国际金融危机，次级抵押债券泡沫破裂，风险全面爆发，引发了雷曼兄弟、美林、AIG 等美国金融巨头的破产和收购事件，其中既有金融机构滥用金融衍生品杠杆的原因，也有美国政府低利率货币政策的推波助澜。在危机面前，货币信誉、社会和经济的稳定面临严峻挑战，政府又不得不出面挽救“大而不能倒”的银行。为了救市，政府只好继续扩大货币投放，但不良贷款仍在，货币总量处于失控的边缘。

货币发展至今，在给人类带来了巨额财富的同时，也为社会的发展埋下了隐患。“信用”这个伟大的经济发现，仿佛一剂毒药，让人类欲罢不能。在资本主义教条下，人们相信经济这块蛋糕会无限地增长，中心化的政府和银行为了满足自身要求而疯狂地开动印刷机，而真正能够救市的却是科学家。每过一段时间，就会涌现出一些科学发明，其创造的新产业所产生的经济效益刚好被用于购买政府从 2008 年以来凭空创造出来的几万亿美元的账单。可以说，科学创新和经济泡沫增长是一场令人担忧的赛跑。

2008 年的这场国际金融危机堪称百年不遇的巨大危机，其阴影延续至今，使资本主义世界范围内的经济长期低迷，财富分配愈发不均匀，社会矛盾尖锐，不安定因素层出不穷。不世之材中本聪（Satoshi Nakamoto）表达了他对金融危机的愤怒：“常规货币的根本问题是维持其运作所必需的信任。人们必须信任央行不会让这种货币贬值，但是不兑换纸币的历史则充斥着对这种信任的背弃。”也正是这位神秘人物，创造了比特币和区块链，又在多年后引发了全世界对于区块链的思考，将飞速前进的科技与金融巨轮联系在一起，推动经济走向新的轨道。

1.2　比特币横空出世

1.2.1　应运而生

2008年11月1日，中本聪坐在电脑前，最后审视着自己的杰作——一篇题为《比特币：一种点对点的电子现金系统》的论文。随着他点击了发送键，一封标题为“Bitcoin P2P e-cash paper”的邮件悄悄进入metzdowd.com网站的密码学邮件组。深夜，星光熠熠，熟睡中的人们并不知道，一个新的时代已经拉开序幕，比特币和区块链这一对孪生兄弟已悄悄登上了历史舞台。

中本聪在他的论文中敏锐地提出，目前互联网上的贸易内生性地受制于“基于信用的模式”（Trust-based Model）的弱点，也就是在物理现金缺失的情况下产生的销售费用和支付问题上的不确定性。因此，买卖两方都不得不借助金融机构作为可信赖的第三方信用中介。然而，第三方信用中介的存在，不仅增加了交易的成本，还限制了实际可行的最小交易规模以及很多本身无法退货的商品和服务的交易。这一段论述一针见血地指出了信息革命以来电子商务的重大问题——信用。事实上，自2008年开始的严重经济危机在很大程度上正是始于金融机构对借贷方信用的评估失准。

针对上述问题，中本聪在论文中详细解释了他的解决方案——一个基于密码学原理而非信用的电子支付系统。按照中本聪的设想，这个系统通过点对点分布式的服务器来生成依照时间先后排列并记录的电子交易证明，从而杜绝肆意篡改支付交易的可能，在任何达成一致的双方之间直接进行支付，不再需要第三方中介参与。中本聪设计的系统使用密码来背书，使得在互相完全不信任的双方之间进行的交易也能得到安全保障。他首先提出了“电子货币”的概念，定义为如图1-1中所示的一串数字签名。

按照中本聪的描述，电子货币的每一位拥有者都要在这枚电子货币的末尾签署一个数字签名，这个签名是由哈希函数生成，并使用下一位拥有者的

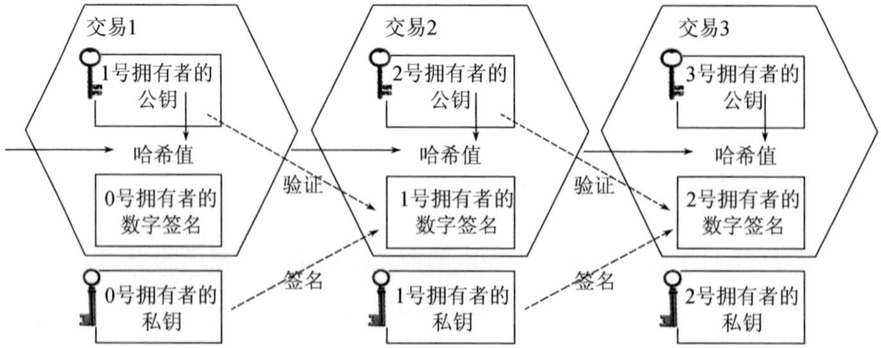

图 1-1 中本聪对电子货币概念的阐释示意

公钥（Public Key）来加密的。在将数字签名附加在这枚电子货币的末尾后，它就可以被发送给下一位所有者了。收款人使用自己的私钥对签名进行解密，得到哈希值之后对内容的真实性进行检验，就能够验证上一位所有者的身份。这样一来，图 1-1 中的每一次交易就形成了一组以"区块"（Block）存在的数据。

其实，公钥加私钥的数字加密方法早在 1976 年就由斯坦福大学的迪菲（Diffie）和赫尔曼（Hellman）两人提出，但是上述支付过程存在着致命的缺陷，这种缺陷被称为"双花问题"（Double-spending Problem）。顾名思义，就是某一枚签名被同一名付款人发给两个甚至多个收款人的情况。这也是基于数字加密的电子支付系统长时间少有人问津的主要原因之一。针对这个问题，中本聪为系统本身设计了保障交易的时间序列机制，即"时间戳服务器"（Timestamp Server）。他在每个区块中增加了一个仍然是由随机散列生成的时间戳字符串，并要求支付者将该随机散列在全网广播。这样一来，支付系统网络上的所有参与者都能够证实某一串数据在某一个时刻必然是存在的。下一位拥有者在使用这枚数字货币时，同样要生成一个时间戳，并且这个时间戳将前一个时间戳纳入其随机散列值中，每一个随后的时间戳都对之前的时间戳进行增强，这样就形成了一个公开、透明的时间序列链条。

对于这个拥有了时间序列的系统，中本聪仍然不完全满意。为了保证这个链条上的信息是不可更改的，他又引入了“工作量证明”（Proof of Work）机制，在区块中补增一个随机数（Nonce），使得该给定区块的随机散列值以一个或多个0开始，随着0的数目的上升，找到这个解所需要的工作量将呈指数增长，但是检验结果仅需要一次随机散列运算。当某个节点想要生成一个区块时，它必须通过反复尝试来找到这个随机数，直到找到为止。这将耗费很高的CPU工作量，除非重新完成相当的工作量，否则该区块的信息不可更改。

短短2个月之后的2009年1月3日，比特币客户端程序正式面世。中本聪进行了首次挖矿(Mining)，并且获得了首批50个比特币，同时创造了第一个区块，称为“创世纪区块”，当中记载了这样一句话：“*The Times* 03/Jan/2009 Chancellor on brink of second bailout for banks（《泰晤士报》：2009年1月3日，财政大臣正处于实施第二轮银行紧急援助的边缘）。”当时正是英国的财政大臣达林被迫考虑第二次出手纾解银行危机的时刻，这句话是《泰晤士报》当天的头版文章标题。为什么中本聪要在创世纪区块上写入这个新闻标题，多来年一直争议不断，但是人们普遍推测，中本聪将新闻标题写入创世纪区块的目的不仅仅是为它打上时间戳，更是为了纪念这一货币史上具有转折意义的重要时刻。

比特币在运行之初像一个酷炫的淘金游戏。玩家只要下载一个特殊的应用程序即可开始，一旦进入比特币网络，玩家就是一个“矿工”，只要贡献出CPU的运算能力，就可以参与“挖矿”了。“挖矿”的过程好像是一个数学解密游戏，需要通过哈希现金（Hash Cash）算法解出答案。哈希现金是一个有无穷多个解的方程，但在这个解密游戏当中，只有一个解是对的，并且没有人知道正解究竟是哪一个。于是我们的比特币玩家只好一个一个地实验，直到找到正确答案。但是，比特币网络中有非常多的玩家，他们都同时在玩这个游戏，先解出正解的才是赢家。这个游戏会持续多久呢？平均大约需要10分钟。如果玩家的运算能力越来越强，挖矿时间越来越短，比特币网络会根据算法调节难度，使挖矿时间加长，反之则减小难度，使时间变短，从而保持一个精妙的平衡。10分钟后，获胜的玩家因为成功解出哈希函数而获得若干比特币和这几分钟内的数据块打包权，玩家可以将这期间的交易数据打包成为一个区块，连接在上一个区块之上，成为一个数据链条，称为区块链。没有成功的玩家只好放弃之前的全部工作，继续投入下一轮挖矿之中。

随着比特币越来越热门，玩家的数量越来越庞大，在千军万马过独木桥的竞争当中，使用个人电脑的CPU进行挖矿慢慢没有了优势，甚至可能一年也挖不到一个区块。于是聪明的玩家们组成一个团体，将所有的电脑连接在一个由特定算法设计而成的服务器"矿池"上，大大加强了计算机的运算能力，挖矿的成功率也得到提升。一旦队伍成功挖出了新的区块，所获得的比特币奖励将按照比例进行分配。

比特币的总数在设计之初就被限定在了2100万枚，而作为挖矿奖励的比特币数额并不是固定不变的。从创世纪区块起，比特币以平均每10分钟50枚的速度增加，直到达到总数的一半，即1050万枚。之后挖矿所得比特币的数量减半，每10分钟为25枚，待剩余比特币总数的一半被挖出（即被挖出的比特币总量达到1575万枚）时，平均每10分钟挖矿所得会再次减半。到2140年左右，比特币将达到上限2100万枚。虽然比特币的总数固定，但随着挖矿难度的增加，单枚比特币的产值会逐级攀升，社会财富会不断增长，所以从长远来看，比特币是一种通缩货币。这也就避免了像魏玛共和国那样的通货膨胀和失业率飙高引起的经济大萧条等故事在比特币上上演。

1.2.2 蹒跚成长

比特币诞生后的一年里，只有一小批密码学爱好者对其比较关注。对于普通大众来讲，这还是一个陌生的"技术宅"名词，而第一次比特币交易也确实充满着"技术宅"的气息。2010年5月21日，美国佛罗里达州的程序员Laszlo Hanyecz用1万枚比特币购买了价值25美元的比萨优惠券。这笔交易不仅填饱了Laszlo的肚子，也诞生了比特币第一个公允汇率：1比特币=0.008美元。

一个半月后，2010 年 7 月 11 日，著名新闻网站 Slashdot 报道了比特币的新版客户端。该新闻为比特币带来大批新用户，使其仅仅在 5 天之后就升值了 10 倍。之后的发展可谓风生水起：2010 年 7 月 17 日，第一个比特币平台 Mt. Gox 诞生；2010 年 11 月 6 日，Mt. Gox 上 1 枚比特币的价格达到 0.5 美元，比特币的经济规模达到 100 万美元；2011 年 1 月 27 日，3 个来自津巴布韦的账单在 Bitcion-otc 平台上用 4 枚比特币换取了 100 万亿津巴布韦币，成为迄今为止数额最大的比特币交易；2011 年 2 月 9 日，比特币的价格首次达到了 1 美元/枚。

比特币与美元等价的消息被媒体大肆报道后引发了人们的高度关注。2011 年 4 月，美国《时代周刊》和《福布斯》等权威期刊也相继发表了关于比特币的文章。越来越多的人投入到比特币玩家的行列，比特币与英镑、巴西币、波兰币的互兑交易平台先后开张。瑞典海盗党的创始人 Rickard Falkvinge 甚至宣布，他已经将自己所有的财产都换成了比特币，还借了很多钱以进一步囤积。

2011 年 6 月 8 日，Mt. Gox 上的比特币成交价格已经达到 31.91 美元/枚，然而就在这时，意外状况突然出现。6 月 19 日，黑客从感染木马的电脑上盗用了用户的 Mt. Gox 证书，并利用自己创建的 0.01 美元订单大量买入比特币。此次袭击使 6 万个用户数据泄漏，造成总计 875 万美元的账户损失。Mt. Gox 虽然宣布短期的价格异常变动无效，但被迫关闭交易 7 天来修复 BUG。这一事件极大地刺激了全球的黑客们，此后几个月内多家比特币交易平台先后遭到攻击。11 月 14 日，比特币价格又跌回了 1.99 美元/枚。

进入 2012 年，黑客仍然是比特币玩家挥之不去的噩梦。3 月 1 日，比特币服务器超级管理密码泄漏，价值 22.9 万美元的 46703 枚比特币失窃。但是，随着 9 月 15 日伦敦比特币会议的召开、9 月 27 日比特币基金的创立、11 月 25 日欧洲第一次比特币会议的召开、12 月 6 日首家在欧盟法律框架下进行运作的比特币交易所——法国比特币中央交易所的诞生等，这一系列高级别事件的发生使比特币即便在黑客阴影的笼罩下依然保持强劲的上涨态势。11 月

28 日，比特币发行量已经达到发行总量 2100 万枚的一半，每个区块的比特币产量首次减半调整，从之前的每 10 分钟 50 枚减至 25 枚。到了年底，1 枚比特币的价格达到了 14 美元左右。

2013 年 2 月，社交新闻网站 Reddit 宣布其付费服务将接受比特币付款，交易平台 Coinbase 宣布其比特币每月交易量达到 100 万枚。对于比特币这一愈演愈烈的现象，各国政府再也无法坐视不管。首先采取措施的当然是美国。2013 年 3 月 18 日，美国财政部金融犯罪执法系统 FinCEN 发布了“虚拟货币个人管理条例”，首次对虚拟货币做出了定义。此时比特币价格为 47.8 美元/枚，10 天以后，比特币总市值就超过了 10 亿美元。4 月 1 日，比特币价格在所有交易市场同时突破 100 美元/枚大关，然后又只花了 10 天时间达到了 266 美元/枚的惊人历史高价。程序员 Laszlo Hanyecz 对此表示：“我没有感到特别的沮丧，但比萨真的很好吃。”

事实上，在中国的计算机科技行业，早已有很多先行者和爱好者投身到了比特币玩家的行列。虽然直到 2013 年 5 月 3 日，央视的《经济半小时》节目才第一次比较客观地向中国观众介绍这个新生事物，然而这并不能阻挡中国玩家们的热情。2013 年 5 月，中国在全球比特币交易平台中仅名列第五，但是到了 11 月就有了爆炸式增长，成为全球比特币交易量最大的平台，日交易量超过 10 万枚比特币，最高的日成交额甚至达到 2 亿元人民币。虽然中国玩家兴趣高涨，但在 2013 年这一年里，比特币的发展却如同过山车，时而被推上风口浪尖，时而又遭受取缔打压。2013 年 5 月 9 日，Coinbase 获得了美国证券法律体系的金融许可证和投资基金 Union Square 的 500 万美元 A 轮投资；6 月 27 日，德国议会做出决定，持有比特币 1 年以上将予以免税，业内认为此举实则认可了比特币的法律地位；6 月 28 日，Mt. Gox 获得美国财政部金融犯罪执法网络处颁发的货币服务事务许可，意味着比特币交易从此规范化，政府风险降低。然而，5 月 28 日，美国国土安全部则以涉嫌洗钱和无牌照经营为由取缔了位于哥斯达黎加的 Liberty Reserve 公司的虚拟货币服务，这导致包括中国用户在内的大量用户血本无归。美国检察官表示这一事件涉及的金额规模达到60亿美元，将成为以往历史上最大的国际洗钱诉讼案；中国人民银行2013年12月下发的《关于防范比特币风险的通知》表示，虽然比特币被称为“货币”，但由于其不是由货币当局发行，不具有法偿性与强制性等货币属性，并不是真正意义的货币。从性质上看，比特币应当是一种特定的虚拟商品，不具有与货币等同的法律地位，不能且不应作为货币在市场上流通使用。随着这些令人眼花缭乱、疑惑重重的矛盾事件接续发生，比特币的价格快速回落，并在100美元上下振荡。

2014年是比特币发展最惨淡的一年。2月25日，一度号称全球最大的比特币交易网站Mt. Gox出现无法登录的现象，3天后正式宣布申请破产。3月3日，该网站发布公告称，85万枚比特币因系统漏洞而被非法转移。随后，新加坡比特币交易网站Flexcoin也突然倒闭，官网声明显示，2014年3月2日其遭受黑客攻击，所有存放在云端储存的896枚比特币被洗劫一空。由于没有充足的资源和资产去弥补上述损失，Flexcoin不得不立即关闭交易。这两大灾难性事件搅得比特币国际市场人心惶惶，很多玩家都知难而退。

紧随其后，日本内阁在2014年3月开会，决定禁止银行和证券公司从事比特币业务；2014年7月，欧洲银行业管理局（EBA）要求欧盟各国银行在有关监管法案出台之前都远离包括比特币在内的任何虚拟货币交易；2014年8月，俄罗斯财政部发布法案，禁止与比特币以及所有其他替代性货币有关的一切活动。只有英国是支持比特币的中坚力量，英格兰银行在2014年5月9日发布的报告中不仅明确了比特币的商品属性，更承认了比特币作为一种数字货币的货币属性。

众多国家避之不及的态势在2015年有所减缓，这要归功于各国尤其是美国的努力，使得比特币的定位、发展、监管政策等逐渐完善。2015年5月20日，纽约证券交易所宣布推出全球第一个由交易所计算并公布的比特币指数——“纽约证券交易所比特币指数”（NYSE Bitcoin Index）。6月4日，美国纽约州金融服务局（NYDFS）发布了BitLicense，即最终版本的数字货币公司监管框架，这是全球第一个正式针对数字货币行业提出的明确的监管法规。

在以创新而著称世界的美国的带领下，比特币初创公司如雨后春笋般出现了。截至 2015 年 4 月，整个行业累计获得大约 6.76 亿美元的风险投资，其中 4 亿美元都进入了初创公司。以 Korbit 为代表的韩国比特币公司则得益于它们的创新特征，在初期就得到了韩国政府的大力扶持。

2016 年，包括微软、戴尔在内的超过 10 万家商家已经宣布接受比特币支付。全世界最大的比特币支付公司 BitPay 与最大的电子支付平台 PayPal 已经正式展开合作，各大互联网金融公司更是争先恐后地探索比特币的应用。在我国，比特币产业目前已经以交易平台为核心，初步形成了从比特币的生产、存储、兑换到支付、消费都有所涵盖的较为完整的产业生态链。

1.3 区块链：进阶的互信

不管是贝壳、美元，还是大起大落的比特币，它们的价值都不在于其制作成本，也不在于其如何与其他货币相兑换，而在于使人们产生信任。货币本身没有价值，就像 16 世纪的黄金之于阿兹特克人并没有太大价值，而外来的西班牙殖民者看到黄金却双眼发亮一样。相对当地人来说，他们有一种“心病”，只有黄金能医。这种心病迅速传染给了阿兹特克人，后来又席卷了全球。货币的价值建立在人们对货币的信任所形成的共识之上。如果有一天没有人再相信美元，那它就是一张废纸，毫无用处。金钱是人类历史上最有效的互信系统，人虽有种族、年龄、宗教和性别取向的差异，但金钱却是全人类的共同“信仰”。

区块链是一种新的数字化互信系统。这一次，人们信任的不再是任何个人或机构、组织，而是机器。这个网络上的所有交易都遵循着固定的算法，允许所有人查看并参与验证。区块链使得交易信用不再需要银行这样的中介做背书，而是通过计算机运算能力和工作量证明来自证信用。

在区块链这个名词初次进入大众视野时，它总是与比特币联系在一起，它所代表的是一个包含了一段时间内比特币网络交易信息的数据块。区块链确实是比特币的底层技术，通过应用“公钥+私钥+时间戳”的方法将每一个区块所代表的交易连在一起，形成一串链条。

中本聪创造的创世纪区块是比特币世界的第一个区块，编号为 0（见图 1-2）。之后，区块链网络中的节点根据规则产生新的区块，编号为 1，并以链式结构按编号顺序连接在前一个区块上。随着时间的延续，链条不断增长。每一个区块里面分为头部和主体两部分，头部包含了这个区块的标识和特征信息，主体部分则包含了该区块的所有交易信息。

› 区块 #0（主链）

时间	2009-01-04 02:15:05
难度	0.999
交易数	1
总转出量	50 BTC
奖励	50 BTC
手续费	0 BTC
矿工	Satoshi
版本	1
区块大小	0.2099609375 KB
随机数	2083236893
区块ID	000000000019d6689c085ae165831e934ff763ae46a2a6c172b3f1b60a8ce26f
上一块	无
下一块	00000000839a8e6886ab5951d76f411475428afc90947ee320161bbf18eb6048
梅克尔树	4a5e1e4baab89f3a32518a88c31bc87f618f76673e2cc77ab2127b7afdeda33b
币天销毁	0

图 1-2 创世纪区块信息

资料来源：blockmeta。

区块链的头部包含了三部分信息：第一部分是前一区块的哈希值；第二部分包含时间戳、随机数和难度目标等重要信息；第三部分是本区块所有交易梅克尔（Merkle）树根的哈希值。

每个区块中都含有前一区块的哈希值，区块之间通过这个哈希值进行连接，就像拼图那样。哈希值可以确保新的区块不是凭空产生的，都是在前一个可靠的区块基础上被创造出来的，环环相扣，严丝合缝。从每一个区块进行回溯，都能到达创世纪区块，而因为创世纪区块的前面再也没有区块了，所以它的哈希值为0。

但是，如果我们将区块链看作比特币的一部分可能就本末倒置了。实际上，比特币（或者任何数字货币）的挖掘和交易仅仅只是区块链诸多应用范围中的一个领域。区块链的本质是一个分布式的数据库，由全网参与者共同管理和维护，是整个网络上产生的所有合约的仓库，一旦一份合约被上传到这个仓库，任何人都无法再对其做出更改。区块链应用在比特币领域，保存的是比特币交易合约，如果拓展到其他的交易类型，保存的则是所有商业行为的记录。也就是说，区块链是一本可以记录所有合约的账簿。

如果我们把区块链的数据库看作一个账本，对于它的读写就成了记账行为。以时间戳服务器和工作量证明机制为主的区块链技术，其原理就是在每一笔交易发生之后，通过全网运算能力的比拼，找出记账最快、最好的节点。这个节点把这笔交易的信息记录在账本的新一页，然后发送给整个系统里的所有其他节点。这样一来，每个节点所持有的旧账本都得到了更新，所以区块链也称为分布式账本（Distributed Ledger）。

区块的创建者会在区块中输入时间戳以记录区块连接到主链上的时间，保证链条是按照先后顺序不断延长的。随机数就是我们的数学解密游戏的答案，是通过共识算法设计的。所有的“矿工”都在寻找这个通过共识算法设计的随机数答案，最先找到这个数字的“矿工”就获得了这个区块的打包权和比特币奖励。

梅克尔树根是区块链中的重要数据，是头部的哈希值，也是对区块主体内所有交易信息形成的梅克尔树的归纳。梅克尔树是一种数据编码结构，每个写入区块中的交易都会以一种二叉树的形式串联在一起，最终连接在梅克尔树根上结束。在区块头部储存梅克尔树根，不需要读取区块主体交易信息就可以执行和验证交易。截至 2016 年 8 月 24 日，区块链的高度已经接近 43 万，仅区块头部需要储存的数据就超过 80G，如果每个区块需要储存全部信息，将会造成很多移动设备都不能交易，还会大大增长比特币交易和验证需要的带宽和时间。若仅保存区块头部数据，就使轻量级客户端成为可能。需要特定信息时，再根据梅克尔树根寻找该叶片的信息。

1.3.1　区块链的核心优势

区块链是一种技术解决方案，其最大的优势是解决了交易的信任问题，从而在两个陌生人之间建立起了可靠、安全的交易方案。

要建立信任机制，首要的是解决信息传递方式以及合约规则的问题。区块链从以下五大角度建立了可靠的数字信用凭证。

1. 去中心化

区块链是一个分散集权（Decentralize）的数据库，它不存在类似于银行和审计公司这样的中心化的管理机构，也不需要专门存储交易数据的超级计算机或专门用来监管的维护网络。全网络上每一个节点都具备上述功能，具有均等的权利和义务。

2. 开放性

区块链系统上的数据对全网所有节点公开。但是交易各方的私有信息是通过公钥和私钥加密的，拥有解密权力和工具的节点可以对信息进行解密，这意味着整个系统的信息透明度极高。

3. 自治性

区块链建立在协商一致的规范和协议之上，其公开透明的算法使得整个系统中的任何节点之间都能够进行安全、自由的数据交换。在基于区块链的交易中，对机器绝对算法和运算能力的信任取代了对人的信用检验，任何人为的干预都起不到任何作用。

4. 不可篡改

一旦某个区块中的信息通过了全网验证而添加至区块链中，它就被永久地存储了起来。中本聪的工作量证明机制决定了对数据库的任何修改都必须在至少控制住全网51%的节点的情况下才可能有效。更重要的是，由于每个区块严格按照时间顺序产生和串联，这种链条特性使交易信息易于追溯，因此区块链上的数据都是极为稳定和可靠的。

5. 匿名性

区块链上节点之间的交换所遵循的是计算机的固定算法，活动的有效性由程序自行按照规则判断，交易双方无须公开身份以取得对方的信任。这打开了很多目前不能实现的交易的可能性，首先获利的就是普惠金融。当然，匿名性是一把双刃剑，比如比特币有可能被应用于犯罪活动。但恰在此时，区块链可追溯性的优势就充分体现出来了：虽然交易者的身份是匿名的，但交易本身永远无处隐藏。正如中国谚语所说：跑得了和尚，跑不了庙。

1.3.2 区块链的衍生概念

1. 区块链分叉

我们注意到，在上述的区块链运行机制中，各个挖矿小组是并行独立工作的。那么就完全可能出现这样的情况：某个节点收到了两份不一样的账簿页，但它们都是基于当前主账簿的最后一页，并且内容也是完全合法的，这该如何处理呢？

这种情况称为区块链的“分叉事件”，发生在有两个（甚至多个）候选区块同时想要延长最长区块链时。“矿工”A和B在非常相近的时间内，在各自的候选区块几乎同时算出了工作量证明的解，然后他们便分别立即把自己的“获胜”区块传播到网络中：先是邻近的节点，然后传播到整个网络。因为有些节点在区块链上的位置离“矿工”A更近，先收到了“矿工”A的候选区块，而另一些则离“矿工”B更近，先收到了“矿工”B的候选区块，并分别纳入自己的现有主账簿之中，这时两个不同版本的区块链就出现了。

而后来的某一时间，它们又分别收到了另一个“矿工”发来的候选区块：离“矿工”A 近的收到了来自“矿工”B 的区块，离“矿工”B 近的收到了来自“矿工”A 的区块，经过核算也都是合法的。这给节点们出了难题，它们对于如何处理这个后收到的区块感到十分困惑。

关于这个问题，中本聪是这样表示的：节点们不应该以线性方式，而应该以树状组织账簿，在以当前最长分支作为主账簿的同时，仍然要保留其他分支。如图 1-3 所示，黑色表示当前账簿主干，某节点收到“矿工”A 和“矿工”B 发来的 2 份候选区块，经核算都是合法的。

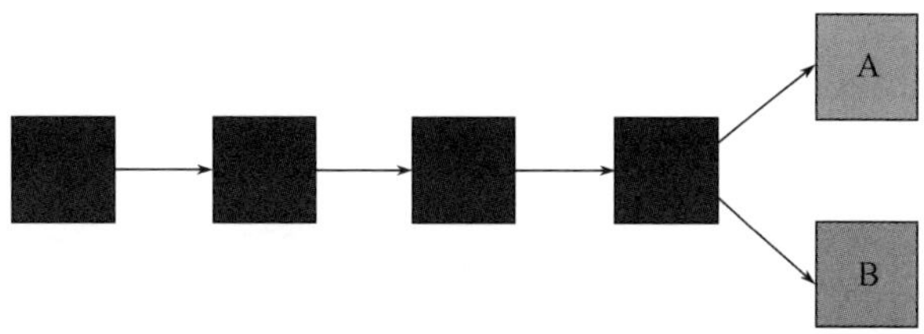

图 1-3　区块链分叉示意（1）

以距离“矿工”A 较近的各节点为例，它们将区块 A 纳入当前账簿主干，但是将区块 B 也作为一根副枝保留下来（见图 1-4）。

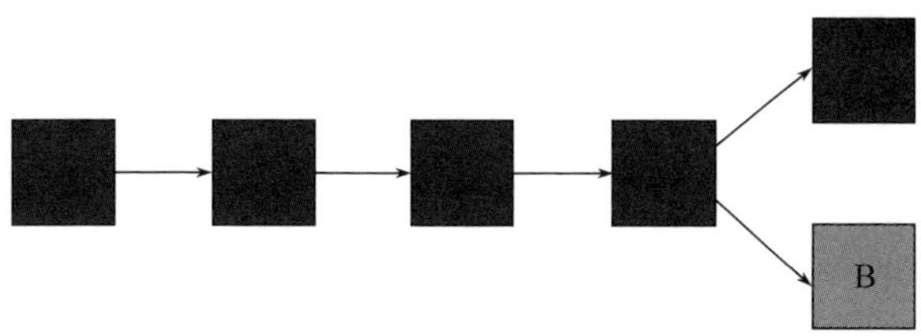

图 1-4　区块链分叉示意（2）

在这个基础上，未来如果产生了一个新的基于区块 A 的账簿页，那么主干就延续下去，如果以后产生的新账簿页都延续这个主干，就表示整个网络已经随着时间流逝达成了共识，基本都以含区块 A 的链条为主干，那么候选区块 B 就会被遗忘（见图 1-5）。

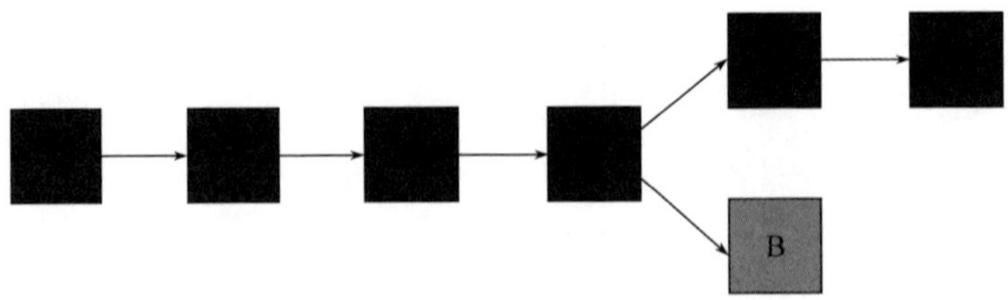

图 1-5 区块链分叉示意（3）

但是，也有另一种可能，就是网络上临近区块 B 的一部分节点一直以区块 B 为基础继续链接新的账簿页，与另一些节点基于区块 A 的延长平行进行，而在某一个时间点，全网都发现基于区块 B 的链条变得比基于区块 A 的更长了（见图 1-6）。

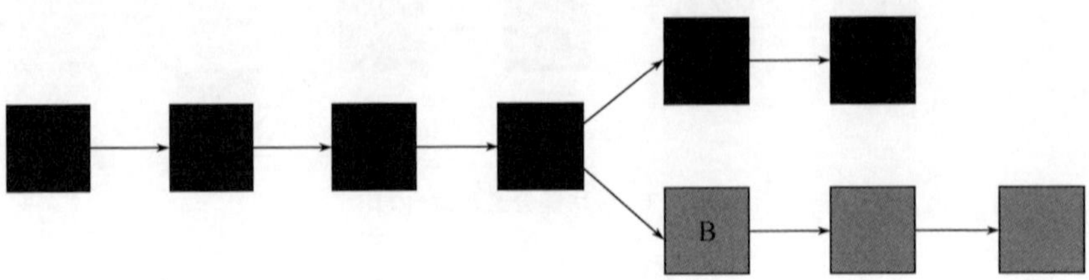

图 1-6 区块链分叉示意（4）

此时，所有节点都需要将基于区块 B 的分支作为主干，基于它进行后续工作，之前以区块 A 为主干的节点也要转向基于区块 B 的分支，而将基于区块 A 的分支作为副枝保留下来。如果日后又出现了区块 A 的分支长于区块 B 分支的情况，全网将再次进行切换（见图 1-7）。

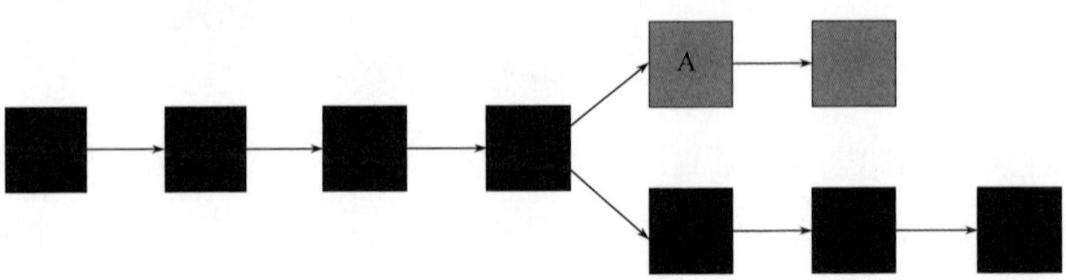

图 1-7 区块链分叉示意（5）

从局部来看，虽然在某一时刻各个小组的账簿主干可能存在不一致，但大方向是一致的，那些偶尔由于不同步产生的小分支，会很快被淹没在历史中。事实上，目前的各大区块链网络经常发生分叉。例如 2015 年 7 月 4 日，比特币区块从 363731 开始分叉，到 363737 恢复正常，分叉 5 个区块，历时 1 个小时左右。但是大部分参与比特币交易的人们都对此一无所知，因而未造成大的影响。区块链树状设计的精妙之处，可见一斑。另外，比特币将区块间隔设计为 10 分钟，是在更快速的交易确认和更低的分叉概率间做出的妥协。更短的区块产生间隔固然会让交易清算更快地完成，但也会导致更加频繁地区块链分叉；与之相对应，更长的间隔固然会减少分叉数量，却会导致更长的清算时间。

1.4 四种区块链类型

由此可见，任何场景，只要包含合约，就都可以应用区块链技术，甚至不限于商业行为。目前，区块链已经发展出了以下四种不同的类型，为以后的超多样化发展打下了基础。

1.4.1 公有区块链（Public Blockchains）

公有区块链是最早产生、目前应用最广泛的区块链，由中本聪在创造比特币时建立的创世纪区块发展而来。各大比特币系列的数字货币基本上都基于自身对应的公有区块链。其特征在于：世界上任何个人或团体都可以在这条区块链上发送交易，也都可以参与确认交易有效性的共识过程。

公有链的特点有三个：第一，公有链对使用端的保护能力在所有区块链类型中最高，程序开发者无权干涉用户。第二，公有链访问门槛低，只要有一台能够联网的计算机，任何拥有足够技术能力的人都可以访问。第三，公有链上的所有数据默认公开，尽管在有关联的参与者中，隐藏自己真实身份的现象十分普遍，但他们可以通过公有链的公共性来保证自身在交易中的安全，因为每个参与者都可以看到任何其他人的账户余额和其所有的交易活动。

目前为业内所熟知的公有链包括比特币、以太坊、超级账本以及大多数其他电子货币和智能合约。其中，比特币区块链是公有链的始祖。

以太坊 以太坊是近几年最热门的名词之一，由创始人 Vitalik Buterin 在 2013 年 12 月开发。以太坊搭建了便于区块链编程的底层开发语言，弥补了比特币区块链无法编程的缺陷。其最大特色是智能合约，标的物几乎可涵盖任意可编程物品。以太坊的特点或价值性由企业家和开发者决定，用户不需要在一个预先设定好的系统上操作（如比特币网络只能用来交易比特币），而是能够按照自己的意愿和目的创建任意复杂的操作流程，因此，以太坊拥有除金融交易以外更多的应用场景，如投票、域名、公司管理、知识产权和物联网等。

以太坊采取的权益机制是更加高效的共识机制，能够在降低运行成本的同时提高运行速度：一枚比特币的区块确认需要 10 分钟，而以太坊只需要 5~30 秒。共识机制提高了平台的受攻击成本，保证了平台的高效、经济与安全。以太坊建立了自己的编程语言、通信系统、信息管理网络及去中心化浏览器，拥有自己的区块链技术。以太坊的货币是以太币（ETH），有助于推动基于以太坊区块链技术的应用开发。

超级账本（Hyperledger） 超级账本是一个由 IBM 的 Linux 基金会于 2015 年发起的跨行业协作的开源项目，旨在推进区块链数字技术和交易验证。该项目的重点集中在区块链分布式账本的设计上，以多方面提高性能和可靠性为目标，使其能够支持包括科技、金融和供应链企业等的全球商业交易，现已吸纳了来自埃森哲（Accenture）、英特尔（Intel）、J. P. 摩根、思科（Cisco）等多家行业巨头在内的不同利益群体。超级账本项目允许不同成员相互合作，共建开放平台。由于点对点网络的特性，分布式账本技术是完全共享、透明和去中心化的，因此不仅适用于证券、银行、保险等金融行业，还能够满足制造业、物联网等其他行业，并能大幅简化业务流程。在应用场景方面，通过创建分布式账本的开放协议和标准，超级账本项目可以实现诸如资产合约、能源交易、结婚证明等多种虚拟和数字形式的价值交换，并保证交易的安全性、高效性和易于追踪性。就像 IBM 的区块链技术副总裁所说的，超级账本的目的是“重新设计一个区块链结构，这不是在某些行业创造一个联盟，而是为商业建立一个区块链。”

1.4.2　私有区块链（Private Blockchains）

与公有区块链相对应，这一类区块链因为其形式上的保守而发展相对滞后。私有区块链仅仅应用了区块链的总账技术，在存储上是分布式的，但是写入权限依然由某个公司、机构或个人独享。整个区块链的共识机制、验证、读取等行为均被严格限制在一定范围以内，其作用与企业数据库管理、内部审计等相似，仅对特定主体内部开放，并不以任何形式对外公开。虽然私有区块链的应用产品尚在摸索阶段，但传统金融公司、银行巨头甚至政府机构在提到应用区块链的意向时，所指的往往都是这一类。

比起其他种类的区块链，私有区块链有四大优势：第一，它的交易速度远远高于任何其他类型的区块链。由于私有区块链上数量很少的节点间具有很高的信任度，所以一笔交易并不需要经过每个节点的验证。第二，私有区块链能提供更好的隐私保障，因为数据不会毫无保留地向任何拥有网络连接的人公开。第三，私有区块链上的交易成本大幅降低，甚至可以达到零成本。因为当实体机构拥有控制和处理所有交易的能力时，就不再需要为工作而收取费用。第四，私有区块链有助于保护基于它发展的产品不被破坏，也正是这一点使得银行等金融机构偏爱私有区块链。在跨国贸易中保持国家法定货币的使用能够保护银行和政府的既得利益，而公有区块链的直接应用却保护了比特币这一类非国家法定货币，这对实体机构和权威机构会造成威胁。

目前，几种处于开发阶段的私有区块链项目包括 Linux 基金会、R3CEVCorda 平台以及 Gem Health 网络的超级账本项目（Hyperledger Project）等，其中最鼎鼎大名的当属 R3CEVCorda 了。R3CEV 是一家总部位于纽约的区块链创业公司，由其发起的 R3 区块链联盟至今已吸引了全世界超过 50 家银行的参与，其中包括富国银行、摩根大通、花旗银行和高盛等国际金融巨头，中国的平安银行和招商银行分别于2016年5月和9月加入R3区块联盟。

2016年4月，R3区块联盟推出了名为Corda的区块链记账平台，并宣称这一平台的作用在于管理和同步各组织机构之间的协议，专门为银行提供分布式金融解决方案。与传统区块链技术相比，Corda记账平台有以下五大主要特征：第一，支持各种共识机制，并仅在个别交易层面而非系统层面达成共识；第二，采用非竞争式即协作式记账，运营成本低廉，方便快捷；第三，不共享交易数据，只有符合要求的缔约方能通过协议看到数据，满足金融机构对数据私密性的需求；第四，允许交易相关方进行交易验证，比无关验证池（“矿池”）更加安全可靠；第五，面向金融机构、监管机构、个人都有针对性解决方案。

Bankchain是另一个著名的私有许可分布式总账系统，旨在帮助金融机构处理交易后的清算结算任务，该平台由新晋比特币交易所——纽约比特币交易平台ItBit创立。目前，Bankchain仍处于起步阶段，完全由ItBit操作及使用，不接受外部参与者，这意味着Bankchain网络上的节点仅仅是只读状态，不参与记账。利用纽约州金融服务部为ItBit颁发的信任许可证，Bankchain全面进军现存的金融基础设施领域，打通中央证券托管局、许可式商品仓库、支付系统等基础设施之间的互联互通关系，为金融机构和潜在投资者提供即时的清算交割服务。

Bankchain有以下五大优势：第一，即时的结算服务和仅有受信者参与的网络系统大大降低了各交易方的交易对手方风险；第二，为资产和现金所有权提供了实时跟踪路径，创造出一个透明、不可更改的交易记录；第三，平台通过将各类金融机构相互联结，将更多的资金聚集，从而降低资产负债表的影响；第四，利用智能合约消除了手工记账、对账的烦琐程序，显著提高财务处理效率；第五，精简的后台系统将显著地降低法律和审计程序的监管成本，释放公司资金压力。

1.4.3　联盟链（Consortium Blockchains）

这是在公有区块链和私有区块链之间发展出的第三类区块链，即在群体内部通过一定规则指定多个预选节点，给予它们记账的权利。预选节点对区块的生成、有效性的确认等共识过程负责，而其他节点只参与交易，不过问记账过程，但是可以通过开放的端口进行查询。

云象区块链定位于企业级联盟链开源技术平台，研发了适用联盟链的新的共识机制，其核心产品为BaaS（区块链即服务）平台，通过该平台对接产业链各企业接口，构建联盟链。BaaS平台链上每秒可以支持3000笔交易，显著改善了传统比特币每秒最多7笔的交易机制。同时，根据不同的应用场合，所需特性不同，BaaS能够为企业级的B端客户提供个性化的区块链解决方案，实现电子证据保全、产品追溯、身份验证、供应链金融等商业智能合约应用。云象区块链创始人黄步添表示，将企业定位于企业级联盟链技术平台服务商有两个原因：第一，类似传统比特币的区块链网络是非许可的公有链，这在国内的现实场景中还不能落地；第二，在许多新兴行业或者弱监管领域，联盟链或私有区块链的应用场景非常多。

对于“联盟链”，行业内目前还存在着广泛的争论，有不少声音认为它只是私有区块链的一种。而事实上，在众多声称自己在开发私有区块链的项目中，做出可观成绩的屈指可数，R3cevCorda算是其中之一。因此，纯粹的私有区块链是否能实现或是否有必要存在也值得进一步探讨。上文所定义的联盟链就类似于我们常说的继承了父母长相优点的“会长的孩子”：它完整保留了公有区块链链改善信任问题的能力，同时由于它不会开放给所有的节点，又继承了私有区块链的可控性、高速度和低成本。

1.4.4　侧链（Sidechains）

这是在区块链这个新生领域中产生的最新的概念，同样受到了越来越多人的关注。目前看来，侧链主要是指用于确认来自于其他区块链数据的区块链，它通过双向楔入（Two Way Peg）机制使比特币、莱特币等多种数字货币资产在不同区块链上以一定的汇率实现转移。这就意味着用户在使用他们已有资产的情况下，就可以访问新的加密货币系统，但实际上，所谓的“转移”并没有真正发生。以比特币和莱特币之间的转换为例，侧链的运作机制是：将一笔比特币暂时锁定在比特币区块链上，同时将辅助区块链上等值的莱特币解锁；当辅助区块链上有等量等价的莱特币被再次锁定时，比特币区块链上原先的比特币就会被解锁。通过这种运作机制，侧链实现了不同区块链间的连接。

与传统比特币区块链相比，侧链有以下三大优势：第一，侧链能够安全、快速地实现附加功能。比特币系统仅支持比特币传输，且难以适应智能合约等新型区块链衍生功能，功能较为单一保守。侧链可以看作比特币主链的延伸，在确保主链安全性、完整性的前提下，延伸出的侧链能够进行多种区块链衍生功能的开发与探索。第二，侧链同样能够实现快速交易。由于在侧链上的交易过程不用上主链，交易的速度可以大幅提升，从而解决比特币区块链吞吐量小的问题。第三，侧链可将竞争币与比特币相连接，形成以比特币为核心的币圈整体。侧链能够以相对固定的汇率实现比特币和竞争币的自由转化，从而减轻流动性短缺和降低市场波动。

目前，侧链技术主要由 Blockstream 公司负责开发。Blockstream 现已发布了基于侧链技术的第一个商业化应用 Liquid，能够实现交易所功能。Liquid 为比特币交易所、支付处理商以及交易者而设计，可以有效减少这些机构或个人移动比特币资金所需要的时间。Blockstream 宣称，使用 Liquid 的侧链交易所，将使资金移动时间从 60 分钟缩短至数秒。Liquid 还附带有审计和商业隐私保护组件，五大比特币初创公司 BTCC、Unocoin、Xapo、Kraken 以及 Bitfinex 将会使用该私有侧链。

侧链的出现对区块链技术来说具有里程碑意义，它进一步扩展了区块链技术的应用范围和创新空间。虽然现在它还处于襁褓之中，但是可以预见，当侧链技术发展成熟后，区块链将能够支持包括股票、债券、金融衍生品等在内的多种资产类型的运营，以及小微支付、智能合约、安全处理机制、真实世界财产注册等层出不穷的应用。

1.5　竞争货币

虽然一提到数字货币，大部分人首先想到的还是中本聪发明的比特币，但是近几年间，市场上已经涌现出越来越多的其他数字货币，对比特币的地位形成了挑战。比特币诞生以来，试图复制其成功的例子不胜枚举，人们开发了数以千计的区块链和基于自家区块链的数字货币，但大部分都湮灭在历史之中。当前，可称得上脱颖而出、为人熟知的其他数字货币主要有以下 3 种。

1.5.1　莱特币（Litecoin，LTC）

莱特币的首次开采时间为 2011 年 12 月 7 日，由前谷歌程序员 Charles Lee 设计。它受到了比特币（BTC）的启发，采用了相同的技术原理，但却通过以下三个方面对比特币进行改进：第一，莱特币区块链的处理速度是 2.5 分钟/区块，比起 10 分钟/区块的比特币链，可以提供更快的交易确认。第二，莱特币的预期产出达到 8400 万枚，是比特币发行量的 4 倍多，其发行速率按照等比数列，每 4 年减少一半。第三，莱特币的工作量证明使用了新的 Scrypt 加密算法，这个由 Colin Percival 首次提出的算法使得在普通计算机上进行莱特币挖掘比比特币更为容易。

目前，莱特币是继比特币之后最值钱的电子货币。有人认为，如果将比特币比作黄金，那么莱特币就是白银。许多错过比特币采矿的投资者面临当前比特币的天价，纷纷转而投资莱特币，寄希望于其价值也能发生类似的暴涨。莱特币的价值虽然不像比特币那样经历过短时间内的大起大落，却也在不断波动之中。截至 2016 年 9 月，莱特币的价格是 3.81 美元/枚，总市值为

1.86 亿美元。相对于比特币 655 美元/枚的价格和 103 亿美元的总市值，莱特币虽然是竞争货币中表现最好的，却也只能是小巫见大巫了。

1.5.2 狗币（Dogecoin，DOGE）

狗币在所有数字货币中应该是最“接地气”的了，连 Logo 都是闻名世界的 Doge 脸。它诞生自 Adobe 公司的一名悉尼职员 Jackson Palmer，Palmer 在看到 Doge 脸火遍全球的现象后，发表了一篇半开玩笑的推文：《投资 Dogecoin，这就是下一个大机遇》。Palmer 没有想到，很多人在他的文章下回复，鼓励他完成这个想法。于是一个星期后他买下了 Dogecoin.com 的域名，该域名被 Doge 脸的大本营、知名社交网站 Reddit 收录。而与此同时，波特兰的 Billy Markus 一直想创造一种能够满足更多人的需求，而不是像比特币那样只为投机者服务的新数字货币。他偶然知道了 Palmer 的网站，两人一拍即合，狗币很快就于 2013 年 12 月 8 日正式诞生了。在 Reddit 的推波助澜之下，截至 2015 年 6 月 9 日，狗币市值达到了 1 亿美元。

与莱特币同样基于 Scrypt 算法的狗币，不仅拥有交易过程便捷的优点，数量比莱特币也更多，最多可以挖出 1000 亿枚，其每小时 4183 起的交易量也是所有电子货币中最大的。在狗币系统的设计下，每个区拥有 52 万多枚狗币，开采收益很高。在美国，它的应用也比较广泛，大量接受比特币支付的网站都同时支持狗币支付，成交量大，流通性好，是一种数字货币的重要价值体现。

狗币的价格虽然也有震荡，但是由于发行量极高、挖矿门槛极低，自诞生以来价格一直非常亲民，以至于动荡几乎可以忽略不计。截至 2016 年 9 月，狗币与美元的兑换比率是 1000 狗币兑换 0.25 美元。

1.5.3 瑞波币（Ripplecoin，XRP）

瑞波币是 Ripple 网络的基础货币，由前身是由 OpenCoin 的区块链支付公司 Ripple Labs 运营的。与大部分其他数字货币不同，瑞波币的出现主要是为 Ripple Labs 公司和其主营业务 Ripple 支付网络服务的，是公司推广 Ripple 协议的一个重要工具。

Ripple 网络在其发展期间面临着用户数不足的瓶颈：Ripple 协议的最初设计思路是基于熟人关系网和信任链的，也就是说要使用 Ripple 网络进行汇款或借贷，收款人与付款人必须互为好友（互相有信任关系），或者有共同好友（经过朋友的传递形成信任链），只要没有信任链，就不能使用 Ripple 支付系统。这导致其用户一直不多，而且形成若干个孤立的小圈子。

为了解决这一问题，Chris Larson 和 Jed McCaleb 于 2012 年共同创立了 Opencoin 公司，并组建 Ripple Labs，引入瑞波币作为 Ripple 网络的基础货币，并允许其在整个网络中自由流通，而不必局限于熟人圈子。瑞波币与其他数字货币相比最大的特点就是它的工具性。瑞波币对于 Ripple 网络有两个至关重要的作用：一是防止协议的开源性所引发的恶性攻击造成的网络瘫痪。Ripple Labs 要求每个账户都至少有 20 个瑞波币，在每一次成功交易后十万分之一个瑞波币将会被销毁。对于正常交易者来说，这个成本几乎可以忽略不计，但对于制造海量虚假账户和交易信息的恶意用户来说，所销毁的瑞波币会呈几何级数增长，产生巨大的成本。二是作为桥梁货币，成为各种货币兑换过程中的一个中间货币。瑞波币是 Ripple 支付系统中唯一的通用货币，而包括美元和人民币在内的其他货币在 Ripple 支付网络中都不能实现跨网关提现，只有瑞波币完全不受这方面的限制。

另外，Namecoin、Quark、以太坊开发的以太币等其他数字货币层出不穷。根据美国 Map of Coins 网站的统计，截至 2016 年 7 月，市场上可用的数字货币多达 710 种，但其中市值超过 1000 万美元的只有 9 种，更多的数字货币默默无闻，被淘汰只是时间问题。必须看到，数字货币的市场潜力虽然值得期待，但也危机重重，价值和潜力更多集中在其背后的区块链技术上。摆脱了数字货币这一狭隘应用范围的束缚，区块链的分布式记账技术很可能将重新定义商业世界的未来。

1.6 小结

回顾人类历史，我们不难发现，从古至今，但凡重要的技术革命，都必然伴随着媒介的革命。从本质上来说，人类的任何活动都可以称为是信息活动。正因为如此，传递信息的介质和管理方式在很大程度上决定了不同个人接收的信息的质量。在当下这个以商业和数字信息为主导的世界中，应当以何种方式传播和处理经济金融活动的信息，成为决定全世界未来走向的关键因素之一。技术的重要性不仅仅在于它能准确地记录商业行为，更在于它能够定义商业世界的未来。

区块链技术就是这把未来商业世界的钥匙。自诞生到现在，区块链经历了技术起源、应用扩展、跨界融合等多个阶段，相关领域飞速发展。区块链1.0的提出解决了现代电子交易中的信用问题，真正实现了无第三方中介做信用背书的点对点直接交易，其数字加密技术更是成功解决了金融机构悬而未决的双重消费问题。区块链1.0主要指以比特币为代表的数字货币、支付结算、客户身份验证（Know Your Customer，KYC）和反洗钱（Anti-money Laundering，AML）。数字货币方面，厄瓜多尔政府已于2015年率先推出国家版数字货币，英国央行正委托伦敦大学学院设计数字货币RSCoin，其他国家也在积极探讨发行数字货币的可行性。支付结算方面，Ripple的跨账本协议已经可以实现银行间的快速结算，R3区块链联盟也进行了跨境结算测试。KYC和AML方面，德勤会计师事务所利用区块链技术在KYC领域中突破了金融业现存的合规模式，Chainalysis成功为多家银行设计了异常交易行为检测与分析系统。尽管有价格波动剧烈、挖矿浪费能源、各国监管限制等多重困难，但数字货币仍然是区块链技术最成功的应用。从此，货币的发行不再依赖于各国央行，全球货币的统一有望实现。

区块链2.0以智能合约为代表，全面拥抱金融领域。基于区块链技术可编程的特点，Melanie Swan在其著作《新经济蓝图》（*Blueprint for a New Eco-*

nomy）中指出，人们可以尝试将“智能合约”的理念加入区块链中。金融交易的本质是合约，在合约的规范下，区块链的应用范围也从单一的数字货币业务扩大到银行、证券、保险和资产管理等四大金融业务。银行最先察觉到区块链2.0时代的商业机会，它们利用区块链技术研究与开发数字票据，有效降低了因人为操作引发的道德风险和操作风险。在证券领域，股票发行与交易、清算结算、代理投票等均已开发出对应的区块链平台，例如：Nasdaq与Chain搭建了基于区块链的股权交易平台Linq；澳大利亚证券交易所将利用区块链技术升级其清算和结算系统，实现实时清算，降低交易风险。在保险领域，区块链初创公司Everledger将协助保险公司降低核心风险，并提供一个值得信赖的记录系统。在资产管理中，区块链ABS在互联网ABS的基础上利用区块链技术建立起了资产证券化平台。Overstock、Nasdaq等创新型资产管理企业都对区块链ABS进行了积极探索。

融入智能合约的区块链技术，可以对任意复杂的衍生品交易编程，将清算变得标准化、自动化，将合约的合规检查变得自动化，在最大限度上降低了合约的违规操作。伴随着区块链技术的快速发展，它将改变所有金融机构的业务模式和发展方向，自下而上地改造整个金融生态系统。

区块链3.0将区块链的应用领域扩大到金融业之外，覆盖了司法、医疗、物流等人类社会生活的方方面面。区块链技术将帮助这些种类繁多的社会活动实现信息的自我证明，从而提高整个社会系统的运转效率。同时，区块链还将与人工智能、大数据等前沿技术相结合，进一步扩大自身的应用范围、加深应用程度。这一阶段的区块链将以“区块链+”为主要特征。

“区块链+人工智能”是备受瞩目的发展方向。人工智能的切入将显著提高区块链的自动化和智能化程度，这对于工作强度很大的金融从业者来说无疑是振奋人心的好消息。金融机构可以利用此技术替代人工完成部分交易决策行为，从而提高工作效率，加快整个社会的资金流转。以商业银行为例，当客户提出贷款申请时，区块链平台将自动向人工智能系统发送客户的实时交易数据，人工智能系统会利用这些数据分析、判断交易者的还贷能力，评估其信用状况并迅速做出审批。整个过程简单快速，可以节约人工成本、降低操作风险。

“区块链+大数据”同样存在广泛应用。大数据技术能对区块链网络中存储的海量数据进行实时处理，并加快风险识别速度，预防数据泄漏等安全事故的发生。

区块链的 3 个版本并非依次实现，而是一个共同发展、相互促进的过程。从支付到投票，从智能合约到追踪犯罪，尽管区块链技术目前仍面临落地困难等实际挑战，却已经在大众心目中树立了几乎万能的形象。本书随后的章节将详细剖析各个版本的区块链技术，畅想其将带给人类的无限可能性。

第 2 章　金融共识时代

从古至今，人类在经济活动中都在追求一种互信的共识。一开始，人们的活动范围很小，村落中的人们都互相熟识，一个人发生了一点好事或丑事都可以被村子里的每一个人知道。那个年代，没有银行，没有凭证，但欠债还钱是天经地义的事情。后来，工业革命使人们的生活半径扩大了无数倍，以前有很多人一辈子没出过村子，而后来 80 天就可以环游地球。如果欠了债却不想还，只要跑路就可以了。人心的贪婪和逃避使得人们之间的不信任感越来越强，以至于必须要有一个公正可信的中介机构才能维持借贷活动。这个机构被叫作银行。而时代发展至今，科技加速突破，人类获得了能够毁灭地球的核武器和能够改变自然法则的基因技术。从 1969 年美国国防部的研究开始，互联网已经发展到第 48 个年头了，一切信息都可以分分钟传遍全球的角角落落，我们却仍然在使用 600 年前建立的古老金融系统。21 世纪的人类急需一种新的互信共识，能够比银行这样的机构更加高效和降低成本，并且在真真假假的信息大爆炸时代达到真正的“共识”，从而解决困扰了人类几十年的“拜占庭将军问题”。

2.1　从“拜占庭将军问题”谈起

“拜占庭将军问题”本质上就是一个共识问题，1982 年由 Lamport、Shostak 和 Pease 三人首先提出。这个故事讲的就是在知道军中有叛徒的情况下，忠诚的将军们如何在进攻指令上达成一致的共识问题。而在计算机领域，这则是一种容错机制。

2.1.1 “拜占庭将军问题”是什么

拜占庭是东罗马帝国的首都。东罗马帝国幅员辽阔，驻军分隔遥远，传递消息只能靠信差。战争时期，东罗马帝国想要发动一场进攻，但敌人实力强大，能够轻松抵御少数军队的同时进攻。为了确保取得胜利，东罗马帝国国王派出了很多支常规军队去包围这些敌人。这些军队分散在敌国城池的四面八方，任何一支军队的孤军奋战都毫无胜利的希望，只能通过信差互相传递消息，共同协商进攻意向和进攻时间。只有确保足够数量的军队同时进攻，才有可能取得胜利。在这个问题中，我们假设消息传递的途径是没有问题的，即信使不会在中途被劫，信件也不会中途丢失。但是，军中有一个隐患：内部可能存在叛徒或者间谍，他们可以迷惑将军，使他们没有办法做出进攻的判断，也可以欺骗将军，促使他们在不恰当的时间发动进攻。这些错误的判断和共识都会导致战事的最终失败。著名的“拜占庭将军问题”说的就是如何在已知有叛徒和间谍存在的前提下，忠诚的将军能够达成正确的共识，一致发动进攻，取得胜利。

2.1.2 两军问题：容错

在“拜占庭将军问题”中，我们已经假设了信息通道是没有问题的，可是在实际战争中，信差是很有可能被敌人劫持的，这就是两军问题。在两军问题当中，由于敌人兵力强大，左右将军兵分两路对敌人进行包抄，必须同时出击才能战胜。但左右将军分隔在两边，只能派出信差进行联络，并且信差只能通过敌军阵营才能到达另一边，很容易被敌人劫持。那么，如何通信才能让左右将军赢得胜利呢？

我们假设左将军送出了一封信，约定“明天凌晨发动进攻，收到请回复确认”，右将军收到信之后很快送出了回信确认。然而右将军却并不知道这封信到底会不会到达对方手中。如果这封信其实没有送到，第二天只有右将军自己发动了进攻，就会导致行动失败，所以他不能轻举妄动。

另一方面，左将军也只能送出一封信，表示信件收到了，明天一起发动进攻。而这一封如果被劫持了，右将军以为左将军没有收到信，于是按兵不动，行动就又失败了。所以，右将军还得再送一封信："我知道你知道我收到了！"然而这封信仍然面临着不知道会不会安全送达的问题，还是不能发动进攻，然后还是得回信。如此一来，就会就没完没了。

来到数字世界，这些问题就是计算机领域中的容错问题。现实世界中往往会发生网络或硬件出错，或者受到黑客攻击，从而导致部分计算机和网络出错或者失效。我们需要在容许节点出错、失效和恶意错误的情况下，还能达成一致性的共识，按照协议的要求给出规范的解决。"拜占庭将军问题"的实质就是一致性和正确性。

2.1.3 区块链雏形：共识

在受到严格监管和风险控制的金融领域达成一致和正确的共识，其重要性不言而喻。在一个集中式的系统中，达成共识相对比较容易，而在一个像"拜占庭将军问题"这样的分布式系统中，每一位将军会根据自己的判断决定一个最佳进攻时机，而几位将军的选择也不尽相同。假设通信途径安全，每个将军的意见也被正确地传达和接收，再从所有的意见中选择了一个（或者坚持自己的判断，或者转而支持另一位将军的进攻方案），所有将军的选择结果组合将会随着将军的人数呈指数增长！而计算机世界的"节点"，也就是所有的网民，却是以亿为单位计算的，要想在这样的世界里达成共识，其困难程度简直难以想象！

在比特币之前，去中心化和共识就好像鱼与熊掌一样不可兼得：要保证共识，就要有某种程度的集中化；而在分布式结构中就无法达成共识，永远无法完美解决。

中本聪开发的区块链技术则完美地解决了去中心化和共识的矛盾。

2.2 证明抵押品所有权

众所周知，在商业银行的抵押贷款流程中，对抵押品的人工现场查询、记录和验证不仅费时费力、效率低，而且存在因抵押品状态变化而难以及时掌握的行业痛点。然而，区块链技术作为一种具备不可篡改、高度自治、去中心化、可追溯等优势的价值互联网协议，使抵押品所有权的记录和验证流程优化成为可能。

2.2.1 区块链是根据时间顺序进行排列的交易信息全链条

区块链第一次出现在大众视野是 2009 年 1 月 25 日的比特币区块链上线，被人们所熟知则源于 2014 年 10 月大英图书馆的一场研讨会。比特币区块链是区块链技术最成功的金融应用，上线 7 年无专人维护，却未出现一次宕机，仿佛 1996 年年初的互联网一般，迅速席卷全球。区块链技术实际上是互联网模型中数据层的一种应用协议，类似于 HTTP 协议，只不过功能不一样：HTTP 协议是网站寻址的协议，而区块链是基于全球的公共账本协议。从 2015 年开始，国内外大型金融机构积极探索区块链技术对传统金融业务的转型升级，最典型的代表当属 R3CEV，C 是加密，E 是交易，V 是投资。这家区块链机构旨在研究区块链技术的概念落地和技术标准的制定。截至 2016 年 8 月，全球已经有 60 家顶级商业银行加入此联盟，值得一提的是我国的平安银行和招商银行也在此行列。

区块链是由一个个的区块所组成的，也就是说，区块是区块链的基本存储单元。10 分钟内发生的全部交易信息都被储存在一个区块中，每个区块的大小限制为 1MB，每秒钟能记录 3~7 笔交易。区块由 3 类信息组成，分别是前一个区块的地址信息、本区块的地址信息和交易清单信息。当区块链上的一个节点发生一笔交易时，该节点将会把交易双方账号的公钥信息在全网广播，私钥保存在本地客户端，从而能有效地防范信息泄露和伪造。接收到交易信息的节点会将本次打包信息里的前一个区块的摘要与历史交易信息进行比对，比对成功后方可证明此次交易有效。当有效性验证完毕后，由“矿工”来对这笔交易进行记录。记录的过程实际上是一个计算公钥哈希值的过程。当解密完成后，上述 3 类信息会被重新打包结合，形成一个新的区块，并加盖时间戳，同时按照时间戳顺序对区块进行排列。由于每个区块都包含前一个区块的地址信息，直到创世纪区块的地址信息，因此，区块链是根据时间顺序进行排列的交易信息全链条。

2.2.2　区块链证明抵押品所有权流程

区块链技术在应用到抵押品验证和记录方面具有天然的优势。其一，以房产、土地或车辆等资产作为抵押品从商业银行或小贷公司贷款，要经历 6 个流程，分别是贷款人提出贷款申请、商业银行核实抵押品和评估价值、商业银行批准发放贷款给贷款人、商业银行向房管局等单位申请变更抵押品状态、贷款人归还贷款、商业银行释放抵押品。其二，整个抵押品所有权的记录和验证过程需要过手商业银行、小贷公司、评估机构、房管局、车管所、国土局等多个机构。两方面因素结合在一起，致使人工操作流程烦琐且成本高昂。为解决抵押品所有权的记录和验证痛点，国内外区块链初创公司正在研发基于区块链技术的解决方案，其中以银链科技和公证通（Factom）为代表的区块链企业在行业中处于领先地位。

1. 金链盟的技术实施方案

银链科技是金链盟的重要成员之一。金链盟提出的技术实施方案是基于 IBM 公司的 Fabric 区块链平台而开发的，其抵押品区块链包括 IBM Fabric 区块链平台、智能合约 Chaincode、网页前端和管理后台 4 个部分。其中，Fabric 的主要功能在于保障区块链的许可制和各个节点之间数据的一致性，Chaincode 用于业务逻辑的处理和数据存储部分，网页前端为商业银行与小贷公司等金融机构客户提供操作界面，管理后台主要为 Chaincode 提供更新与交互和用户授权等。此技术方案的运营方主要由腾讯金融云公司提供，以多方数据共享和效用最大化的方式为中小微银行和小贷公司提供服务。

2. Factom 的工作管理模式

Factom 利用比特币区块链网络以革新政府部门和商业社会的数据记录和数据管理方式。Factom 是一个永久保存、无法篡改和加盖时间戳的区块链数据网络。它在很大程度上降低了合规难度和成本，以及独立审计和真实有效性确认的成本。大部分机构都在寻求全新的数据管理和记录方式，Factom 正好提供了基于比特币区块链技术的一种数据集成管理的技术解决方案。保罗·斯诺曾经说过，诚信是具备颠覆性的。在全球化的经济活动中，信任是缺失和稀有的，这就导致人们投入大量的人力、物力和财力资源来进行独立审计和核查记录，降低了全球的经济效率、投资报酬率和繁荣程度。比如，2008 年美国的次贷危机和 2010 年欧洲的欧元危机都表明，目前的审计和核查流程是不准确和低效率的，需要一种新技术来进行流程优化。Factom 提供了全球首个可核查的、准确的和不可伪造的比特币区块链系统，规范了审计、公证的流程和方法，将区块链的自信任的优势发挥得淋漓尽致。

在过去的抵押品记录和验证过程中，完全依靠手工完成，真实验证、数据保护和同步更新成为一件非常困难的事。20 世纪 60 年代，当桌面计算机在全球普及后，数据记录和验证流程逐渐自动化和程序化。然而，抵押品的处理流程并未简化，反而更加困难，并且在人工操作的过程中，数据记录可能被更改，权限设定和可靠性验证过程被分割到各个子系统中，形成了互不共享的数据孤岛。区块链技术提供了一种分布式的数据处理方案，使数据可以被独立审计和自核查。比特币区块链是目前最值得信赖的信息存储和处理网络，但仅仅限制在比特币的交易上，在其他领域尚未得到验证。Factom 基于比特币区块链进行设计，无须局限于比特币等数字加密货币的处理过程，需要处理的问题主要在客户端如何定义记录链、如何验证记录的数据条目和锚定的安全机制等。

2.2.3　技术难题与市场需求

基于比特币区块链开发的应用程序需要解决一系列的技术难题，才能让公证链更安全有效地工作。回溯比特币发展史，中本聪在《比特币：一种点对点的现金交易系统》一文中提出了一种点对点、端对端的交易模式，彻底改变了交易记录和验证的方式。在这之前，从未存在过永久保存的、自造信任的、高度自治的、集体维护的分类账本系统。比特币初创公司与区块链初创公司纷纷开始建立在分类账本上的应用程序，但是很快意识到在比特币区块链架构之上至少存在着以下 4 个方面的约束和问题。

第一，比特币存在吞吐量的问题。由于比特币区块链的每个区块大小限制为 10MB，区块的产生时间为 10 分钟，每笔交易至少占据 225 字节的存储空间。因此，区块的吞吐量限制导致每秒钟交易只能达到 3～7 笔，而 VISA 可以达到 3.4 万笔，支付宝可以达到 8.59 万笔，我国央行清算系统可以达到 20 万笔。为了满足日益增长的交易频率，区块链势必将解决扩容和提高速度的问题。目前，已经有区块链初创公司 Safe Cash Payment 对外宣布，区块链扩容问题并不是不能解决，现在可以通过闪电网络技术来提升速度，理论数据是每秒钟达到 2.5 万笔。

第二，目前的比特币交易成本是 10^{-5} 枚比特币，大约是 0.003 美元，相对金融机构而言，在很大程度上降低了交易成本和时间成本。但是，比特币的交易价格一直不断地波动，曾经在 2014 年 11 月 12 日达到历史最高峰值 1242 美元/枚。因此，对于数字交易数据量非常庞大的应用程序提供商来说，成本会随着币值的不稳定而产生非常大的成本障碍。另外，挖矿奖励减半也会导致交易费用增加。

第三，比特币的数据存储量已经高达 80GB，超越普通计算机的存储负担。另外，随着比特币区块链交易数据量的不断增长，比特币区块链必然与存储设备、传输介质之间产生存储带宽的矛盾。在后比特币时代，已有比特币和区块链创业公司就目前区块链与存储带宽之间的供给需求矛盾进行改善，提出相应的增加带宽和数据选择存储的技术解决方案。

第四，在隐私保护层面，比特币的解决方案是让交易去对接地址，采取安全和匿名的运转方式。然而，当区块链 2.0 时代逐步发展和普及，智能合约会对相应的资产进行实名化的约束。因此，对智能合约双方的信息进行隐私保护是必不可少的，也是至关重要的。

比特币的交易限制是将一组输入值集合映射到一组输出值的集合，简而言之，只要满足输入值条件就可以保证系统输入的有效性。实际上，对于独立审计过程而言，区块链技术可以实现自动化验证。举例而言，在记录房地产的产权转让时，Factom 可只记录转让发生时的过程。目前的房地产产权转让规则是非常复杂的。依据房地产的房屋价格、建筑风格和地段位置等不同的属性会将房地产归到不同的类别中，由智能合约来验证和执行每个类别中独特的规则。因此，单独的一个加密数字签名就不能充分验证所有权转移的有效性。Factom 选择对房地产所有权转移是否有效不进行验证，而只对房地产所有权的转移和交易的发生进行记录。

与此同时，Factom 服务器和审核服务器需要对上传的数据条目进行验证。这就需要“矿工”对记录条目的顺序进行安排和对条目的有效性进行审计。Factom 服务器接收到数据条目时，会将这些数据条目装到不同的区块中，并由“矿工”对数据条目的顺序进行修复或调整。条目的审计必须是独立的过程，可以通过可信赖的第三方来进行，也可以不依赖第三方进行审计。

区块链技术在抵押品验证过程中的应用，从理论上是完全可行的。目前，在我国中小型农商和村镇银行中需求量巨大，其优点是可以推广和实现抵押品管理多方的数据共享，消除数据孤岛，让抵押品管理流程中的数据流发挥更有效的作用，极大地提高交易效率，降低时间成本和交易成本，未来将会应用于各大商业银行和小额信贷公司。

2.3 发行和交易股权

在资本市场上，区块链技术很有可能成为彻底变革的技术手段。它通过改造基础设施来进行转型升级，在证券、银行和商业交易中的应用前景非常广阔。越来越多的国际资本市场机构正在积极地探索和研发关于区块链的交易系统，来发行和交易股权。值得一提的是，DTCC（存款信托与清算机构）、伦敦交易所、德意志交易所和芝加哥商品交易所等机构正联合研发“着急账本项目”，美国纳斯达克证券交易所和区块链创业公司 Chain 则共同开发了个人股权交易系统。

2.3.1 区块链与金融行业的联姻

通俗来说，区块链技术是传统互联网技术与加密算法架构下的全民参与记账的方式。所有的节点都会下载一个完整的数据库，即全网账本。在一定时期内，如果区块链网络有新的交易数据产生，系统中的每个节点都可以参与和竞争记账。系统规则设定对一定时间内记账最好、最快的节点取得认可，并获得 25 枚比特币，经过网络广播后，全节点对区块内交易进行确认，并将交易信息记录到区块链网络上。值得关注的是，每产生一笔记账，每个节点的账务记录都会在全账本中进行更新备份。由于是全民参与，所以记账的安全性、可靠性和不可篡改性可以得到集体维护和保障。因此，比特币区块链系统自上线 7 年以来，在无专人维护的条件下，没有出现过一次宕机，也未出现过交易数据错误的情况。

为什么区块链创新对全球的资本市场有帮助？从人类简史来看，人类在商业经济活动中需要进行充分的交流，特别是需要信息的传递，以前缺乏互联网等基础设施，导致信息不对称或信息交换成本高、效率低。20 世纪 70 年代，互联网的出现，特别是 TCP/IP 等基础协议的应用，让人类社会进入一个信息高速传递的时代。自此，中介化的信息传递不再是必不可少的环节，全球范围内的信息传递实现了一定程度上的去中心化。当跨境商业贸易活动日益频繁，特别是随着互联网在全世界的普及与发展，人们可以通过各种各样的终端设备连接网络，随时随地浏览商品。但是，第一代互联网只能解决信息有效传递的问题，并不能满足人们日益频繁的价值交换活动，价值交换活动只能再次依托于第三方中介机构来进行，由此，商业银行、证券机构等取得了前所未有的发展。然而，第三方中介机构运营成本高、效率低和易受攻击破坏等特征让其自身都产生了寻找一种替代技术的需求。因此，区块链作为一种弱中心化、高度自治、安全匿名、不可篡改的价值交换互联网协议成为金融机构的首选，从而开启了资本市场应用区块链技术提高运营有效性的时代，全球贸易活动将更加高效、低成本地开展。

2.3.2 金融行业为什么需要借助区块链技术进行创新

信用是一切金融活动的基础。为了维护交易双方的信任基础，金融催生了大量的低效率、高成本和单点故障的第三方中介机构，包括第三方支付机构、公证人、商业银行、券商和交易所等。区块链技术使用去中心化的共识机制和全新加密认证算法来集体维护一个分布式的、不可篡改的公共账本，让参与者能够无须信任地进行交易。通过一个统一的账本体系来保证信息安全和资金安全，对于金融机构来说是至关重要的，因此国际金融巨头纷纷布局区块链金融应用。最具代表性的联盟链的典型代表是 R3CEV，至今已经有 61 家全球顶尖银行加入其中，旨在实现区块链概念的技术落地和建立相关技术标准。金融机构之所以需要区块链技术来进行创新，是因为一方面为了防范被其颠覆的风险，另一方面是为了降低成本、提高效率，尽早布局区块链金融市场。

首先，区块链技术能够在股权发行和交易系统运行过程中降低信任风险。区块链通过公开透明的机制设立，让账本记录和验证变得更加完整和简易。全网所有节点可以实时监督交易活动的每一个过程，确保交易是安全可靠的，免于构成类似于“拜占庭将军问题”和“双花消费”，从而在很大程度上降低了交易系统的信任风险。

其次，区块链技术能够提高交易、结算和清算的效率。在比特币区块链和以太坊区块链上，交易的全过程是清算、交收和审计。区块链采用的是全网节点竞争机制，分布式地进行账务核算，实时进行清分、清算和结算，交易效率得到了非常大的提升，从而降低了时间、资金、经营成本和系统性风险。

再次，区块链能够有效预防黑客攻击。中心化体系由于是单点运营，容易遇到故障和遭受黑客攻击。对于比特币区块链和以太坊区块链等以区块链作为核心底层技术的平台来说，由于是全网络节点运营，节点分布在全球各个角落，其遇到单点故障或者受黑客攻击而全部瘫痪的概率很小，甚至为零。另外，区块链网络全节点运营还能提升系统的自动化水平。随着可编程经济体概念的提出，越来越多以代码或者数字化形式运营的系统逐步被全世界金融机构所关注，由于资产或者文件能够以智能合约的形式存储和执行，让区块链网络在交易过程中的自动化水平大大提升。

最后，区块链网络能够满足资本市场交易系统的监管和审计的要求。区块链技术高度自治和永久保存的特征让交易双方的记录可以在很长一段时间内都能被追踪和查询。与此同时，我国互联网金融作为弱中心化商业模式创新的一种典型代表，与区块链技术的结合，势必将产生独一无二的化学作用。

2.3.3　区块链的股权交易与发行应用探索

证券市场是区块链技术在金融行业最早得以应用的领域之一。为了给交易双方创建适宜、安全和可靠的交易环境，在传统模式中，需要经过中央清分、清算和结算机构以及银行存管、券商、交易所等中介机构的协作来完成证券的交易。2009 年，区块链网络正式上线，宣告了“中介机构必须存在论”的结束，越来越多证券机构开始在股权交易和发行应用层面进行积极的探索和尝试。

早在 2015 年 11 月，全球一些规模较大的交易所、商业银行和金融服务商开始联合研发区块链的证券交易结算方式，参与机构包括欧洲清算中心、芝加哥商品交易所、伦敦清算所和瑞银集团，联合研发团队被命名为分布式总账交易工作组。区块链将替代复杂的证券交易系统，将金融资产，如股票、债券、年金等需要合同交易的品种，通过区块链技术构建的智能合约来促进交易的成功运作，其中，股票等金融资产的交易或发行从原有的需要两三天的时间将降低到在几分钟内就可完成，很大程度上缩短了交易时间、降低了经营成本，并且提高了交易效率。

2015 年 12 月，Overstock 作为美国的一家网络证券零售商，申请在比特币区块链上发行公司的上市股票，美国证券交易委员会（SEC）批准了这一项目。该项目的名称为 S-3，为企业极大地简化了上市交易证券的登记流程。小蚁公司作为我国第一家区块链技术落地的企业，和 Overstock 一样，也开发了基于比特币区块链平台的股权登记系统。其实早在 2015 年 4 月，Overstock 就已经宣告并公布了名字为 TØ 的区块链交易平台，致力于区块链系统上的股权交易和结算。美国的传统结算机制是“T+3”，即 3 个工作日才可以卖出套现。对于 TØ 的区块链交易平台而言，可以实现实时的清分、清算和结算。无独有偶，澳大利亚证券交易所（ASX）也宣布正在和美国区块链初创公司 Circle 研发基于区块链技术的证券交易系统，来取代其沿用了三十多年的中心化交易系统（CHESS）。ASX 首席执行官埃姆林·斯科特宣布将耗时 5 年、耗费 4200 万澳元来支持这项研发计划。ASX 的证券交易结算系统从 2016 年年底开始应用区块链技术来进行升级，ASX 也会在 2017 年前对是否用区块链建设证券结算系统做出最终决定。

实际上，证券注册、登记和发行是证券交易市场最基本的步骤。区块链的公开透明、安全可靠、不可更改和利于追踪的优势，让证券登记、股权发行和交易变得更加高效和安全。数字化资产管理是一种创新的证券交易模式：传统的证券交易流程是企业或者投行将企业材料递交到证券监督委员会进行审核，通过审核后再向证券交易所进行注册、登记，支付交易费用，在证券交易所进行公开发行和交易；当去中心化的区块链交易所成功普及开来时，个人或企业在通过区块链交易所支付交易费用后，直接设定发行资产凭证和发行证券进行交易。然而，利用区块链技术进行证券发行和交易过程中遇到的最大的问题是尚未制定相应的法律法规让区块链证券交易合法合规化，投资者匿名，无法实现资产交易，隐私保护等问题也需要受到关注和得到解决。

在私人股权交易和发行层面，区块链的证券交易模式已经实现了零突破。2014 年 10 月，美国纳斯达克证券交易所(NSDQ)在拉斯维加斯的 Money20/20 大会上正式发布了个人股权交易系统 Linq。Linq 是纳斯达克证券交易所与区块链初创公司 Chain 联合开发的一个基于区块链底层技术的私人股权交易平台。Chain 成为第一个在此平台上进行股权交易的公司，通过此平台进行私募证券交易，吸引投资。这预示着区块链证券交易的一大进步。Linq 平台中的管理估值的仪表板如图 2-1 所示。

图 2-1　Linq 平台估值管理仪表板

现阶段的初创公司并不希望过早进行 IPO（初次公开上市），更多是将公司的运营模式保持在私人公司阶段。然而，在私募股权交易阶段，合格投资者更希望投资标的的资产流动性更强。由于不经过证券交易所来进行私募股权交易，私人公司需要付出大量的劳动来提交大量的合法合规材料，如股权结构说明书、股权凭证、期权登记、可转换债券等，这些材料都需要律师事务所或者投资银行来帮助制作，不可避免地会造成人为错误和风险。Linq 私人股权交易系统提供了一种全新的交易系统，私人公司可以在这个系统上 7×24小时进行企业证券的注册、登记、发行和交易管理等。独立的自动化审计过程是 Linq 系统最大的优势。由此，基于区块链技术的证券发行和交易系统能够进一步降低成本、提高交易效率，实现即时交割。

2.4 智能资产

区块链从最初为了解决货币和支付手段去中心化问题的1.0时代，发展到现在以支持智能合约和多种不同种类资产发行交易为主的2.0时代，经历了技术的提升和应用场景的巨变。中本聪早在2010年就提到：“我一直在思考，是否可以让比特币支持多种交易类型，包括托管交易、债券合同、第三方仲裁、多重签名等。如果未来比特币能产生大规模交易，那么我们在设计之初就应该首先考虑到这些交易的可能性，未来才有可能真正实现支持这些交易类型。”其实，当今区块链的应用早已超越了依托于比特币交易的时代，可适用于任何类型的交易，这得益于区块链的设计理念及其结构的灵活性和可拓展性。

区块链2.0时代正处于发展期，所以学术界和应用领域对它的技术分类标准和定义有不同的见解。我们现在泛指的区块链2.0技术主要包括比特币2.0、比特币2.0协议、智能合约、智能资产、DApp（去中心化应用）和DAC（去中心化自治公司）。区块链2.0技术以其去中心化、公共自治和加密不可篡改的特性，被应用于注册、确认和转移各种不同类型的资产及合约。纽约的风投机构Ledra Capital尝试从一般交易、金融工具、公开记录、私有记录、半公开记录、实物资产和无形资产等方面列举区块链技术的广泛应用场景，见表2-1。

表2-1 区块链技术在智能资产领域的应用场景

分类	应用场景
一般交易	托管交易、保税合同、第三方仲裁、多方签名交易
金融工具	货币、私募股权、公募股权、债券、金融衍生品、房产抵押贷款记录、众筹、共同基金、年金、养老金
公开记录	地契、车辆登记、营业执照，犯罪记录、护照、结婚证、出生证明
私有记录	合同、签名、遗嘱、信托、托管、GPS定位

（续）

分类	应用场景
半公开记录	学位、认证、成绩、医疗记录、人力资源记录、基因组数据
实物资产	别墅/公寓、酒店房间、汽车租赁、汽车使用
无形资产	商标、专利、版权、域名、署名权/先验艺术证明
其他	手机 SIM 卡、记录保存（照片、音频、视频）、垃圾邮件控制、枪支解锁码、GPS 网络身份

资料来源：Ledra Capital Mega Master 区块链清单。

2.4.1 数字货币改变传统金融市场

比特币的崛起颠覆了人类对货币的认知。这种加密数字货币的出现和扩张正在迅速改变人们的支付方式和交易习惯。从原始社会的以物换物，到物理货币以及正在发展的信用货币，人类交易行为的发展都是随着对社会的认知和商业行为的不断演化推进而来的。未来，加密数字货币这种具有高流通价值，能通过开源对冲衍生金融产品风险并可保持稳定价格以作为准超主权货币发行的新型货币，将会逐渐代替物理货币，加速金融交易支付进程，巩固交易信用体系，实现全球经济共融。

以比特币为代表的数字货币在欧美国家的发展已经初具雏形，商户间可直接用比特币进行结算，同时比特币的借记卡和 ATM 机也应运而生。2013 年，Bitplastic 推出世界上首张比特币借记卡，配备一个比特币钱包和一个开通了 PayPal 交易功能的在线购物卡。该卡不需要任何身份验证。这是把双刃剑，在给用户带来便捷的同时也具有以下缺点：一是商家会因为信用原因不愿接受一张无名卡的转账；二是一旦丢失难以寻回其中的比特币；三是开卡成本高达 0.25 比特币。Shift 是美国地区的首张比特币借记卡，借助 Coinbase 钱包的用户资源，迅速拓宽客户群。其好处是包括一个灵活的移动应用程序，且在美国境内的交易是免费的，从比特币转成法定货币也不会产生转换费，开卡费用仅要 10 美元。除此之外，Wirex、Xapo、CryptoPay 和 BitPay 等比特币借记卡也相继出现，并针对地区的不同和监管要求的差别而进行业务调整。

除了比特币借记卡和ATM机等应用产品外，数字货币和法定货币之间交换的交易平台也应运而生。例如，美国最大的比特币交易平台Coinbase成立于2012年6月，业务主要包括比特币钱包和比特币交易，目前支持美元、欧元、英镑和加拿大元与比特币的兑换，致力于为商家和消费者提供数字货币交易平台。该平台的钱包存储使用AES256加密并且站点完全通过SSL运行，交易相当于发一封电子邮件，无须等待，在几分钟内就能完成一笔购买或销售比特币的买卖，且费用低廉。

中国也在开发比特币与人民币的交易平台，OKCoin和火币是其中的典型例子。OKCoin. cn是面向中国的虚拟货币交易平台。2013年年底，OKCoin完成了千万美元级别的A轮融资；2014年3月5日，OKCoin的比特币交易量高达29.3万枚，莱特币更是高达1290万枚，一度是世界上虚拟货币单日交易量的最高纪录。这证明了OKCoin系统完全可以胜任超高数额的交易，致力于为用户提供优质的系统、产品和服务。火币网（HuoBi）是一家面向全球的数字货币基础服务提供商，是红杉资本唯一投资的比特币交易平台，以其雄厚的研发和运营实力推出数字货币相关产品。

比特币应用的崛起让金融界认识到其背后的分布式账本体系——区块链技术，并根据区块链技术的底层协议和应用场景不断尝试衍生产品和应用的开发与研究。

区块链技术的普适性使得以比特币为代表的数字货币迅速普及并逐渐被传统金融市场所接受，其应用场景涉及传统金融服务市场和支付市场等多领域。在银行领域，Ripple Labs使用区块链技术重塑银行生态系统，跨账本协议让参与协议的各方都加入区块链，看到同样的一本账本，可以实现客户间转账的点对点传输，不需要中间银行的信息传递，且支持各国货币，这样就取消了跨国转账的电讯费和中间银行手续费。在支付领域，广泛应用于美国市场的PayPal正在逐渐接纳比特币。2014年9月，PayPal旗下的一家移动支付移动商Braintree推出一项新功能，支持用户使用比特币支付Airbnb和Uber

的账单。在交易所领域，比特币交易所 Kraken 已与银行合作提供合规的比特币金融服务。TERA 推出第一个符合美国监管的比特币交易所，支持机构和个人投资者直接通过在线平台购买比特币合约，Tera 比特币价格指数还被用来作为交易 USD/XBT 合约的指标。区块链初创公司 Buttercoin 也创建了一个比特币交易所，其交易体量达到 20 万~50 万枚比特币，折合 7000 万~17500 万美元，主要服务于有海量比特币交易需求的客户群体。第一批研究比特币的证券分析机构 Wedbush 也与 Buttercoin 有业务往来，共同研究和拓展以区块链技术为底层技术的数字货币应用。

2.4.2　众筹

除了在传统银行和支付领域的应用，区块链去中心化模型的另一个应用场景是众筹。传统的众筹平台如 Kickstarter、Indiegogo 通过采用中心化服务模式的第三方平台来启动某个众筹项目，商业模式包括商品众筹和股权众筹。商品众筹的参与者只能获得感谢信或者实物商品回报，而股权众筹的投资者可以获得一定投资比例的股权回报。例如，Kickstarter 进行主要的是商品众筹，利用互联网传播广的特点，帮助中小企业和个人艺术家在平台上展示自己的商品或作品，通过团购或者预购的方式向支持自己产品的投资者募集项目资金。其创始人 Perry Chen 就是为了筹办自己的音乐会才决心建立 Kickstarter 的，为渴望进行创造的人提供筹集资金平台，使创意和想法成为现实。而对于股权众筹，2015 年很火的电影《大圣归来》的出品人路伟通过个人微信朋友圈进行股权众筹，为该电影募集资金 780 万元，项目整体回报率高达 400%，共收益 3000 多万元，创造了中国电影众筹史上的首个成功案例。股权众筹使得普通人也能参与本来只有机构投资者才可参与获利的项目，为广大个人投资者开辟了新的投资渠道，同时为中小企业创业和实现梦想提供契机。

相比于中心化模式明显的传统众筹平台，基于区块链技术的众筹平台不再是一个提供中介作用的第三方。这是因为区块链本身是一个去中心化的分布式账本，通过构建一个点对点直接交易的网络组织，并设计一个由时间戳记录的、不可篡改的密码学账本来实现多中心化公共自治机制。这种基于区块链技术的众筹平台支持通过创建自己的数字货币来筹集资金，将货币或股权数字化，通过售卖或分发“数字股权”，为创业公司或个人的投资者提供股权凭证。这意味着，投资者可以从代表公司股权的代币的升值中获取利益，而不仅是获得一定的服务或商品。

目前，基于区块链技术的众筹平台已经在国内外得到了长足的发展。国外领先的数字货币众筹平台包括 Swarm、Koinify 和 Lighthouse。其中，Swarm 平台是世界上首个采用数字货币的孵化器，它拥有自己的数字货币——Swarmcoin，允许初创企业在这个去中心化的众筹平台上通过发行 Swarmcoin 来筹集资金，并从孵化器投资组合的收益中获得分红。Swarm 团队的运行基于 Counterparty 平台——一家基于区块链技术提供比特币交易和发行智能资产等功能的技术平台，Swarm 首席运营官 Ben Ingram 将该平台比喻成“众筹界的 Facebook”。在 Counterparty 平台协议基础上，数字货币的投资者可以像 Facebook 的社交网络一样进行高效的交易和投资。Swarmcoin 的发行也使得投资者拥有分享公司红利的机会，例如，某公司想要收购 Swarm 平台发行的产品，就需要购买市场上持有该产品的投资者手中的大部分“数字股权”，从而让投资者从代币升值中获得收益，并且这样的加密货币可以保证投资者在众筹项目中获得与投资项目企业不断动态变化的企业价值相当的投资回报。因为数字货币是虚拟的，创业公司也可以按照自己的想法和公司的实际运营情况为代币赋予相应的价值，比如代币的股息或分红、股权持有者的股东权益和投票权、公司期权或其他任何有创造性的投资回报形式。同时，区块链在每个节点上的分布式共享账簿让投资者可以实时掌握创业项目信息和“加密股份出价”，从而快速决断，省去了股票经纪人的中介作用，可以点对点、高效地完成投资意向。

另一家去中心化众筹平台叫作 Koinify，成立于 2014 年 9 月。Koinify 主要为与区块链技术和密码学货币相关的项目，如智能公司（也称为去中间化自治公司，DAC）和去中间化应用（DApp）等使加密货币更易被大众使用和接受的基础设施筹集资金，进一步开发去中间化众筹途径应用，创立一个全新的经济基础格局。目前为止，Koinify 只有一个去中心化的社交网络项目——GetGems。Koinify 在创立之初获得了 IDG Partners、Brock Pierce 的 AngelList 和 zPark 在传统风险资本投资市场的 100 万美元投资，作为其众筹平台的启动资金，这是一个中心化和多中心化融资时代共存的信号。但是，2015 年 5 月 Koinify 宣布其进入业务转型期，不再为 DApp 提供代币销售平台，并通知用户将在 GetGems 众筹期间购买的代币取出。

除此之外，Lighthouse 项目致力于确保客户可以在比特币钱包直接进行众筹或完成保证合约。

而在国内，“小蚁”可谓是中国第一个区块链项目，也是国内第一个区块链原创底层协议。小蚁是基于区块链技术，将实体世界的资产和权益进行数字化，通过点对点网络进行登记发行、转让交易、清算交割等金融业务的去中心化网络协议。在我国，“小蚁”是第一个提出利用区块链技术来进行公司股权登记的信用背书系统，在我国当前的法律法规体系下开展基于区块链的股权众筹和数字资产管理需要在底层技术和逻辑上符合监管要求，而“小蚁”对我国经济环境和监管现状有深入研究，很有潜力成为可落地的区块链应用。“小蚁”的应用场景主要有股权众筹、P2P 网贷、员工持股激励、数字资产管理等领域。在运行初期，“小蚁”主要以非上市公司的股权为切入点，为初创公司提供员工股权激励方案，灵活配置股权转让或交易比例，或为股权众筹公司管理股东权益。未来，“小蚁”会提供去中心化的股权交易机制，即“区块链 IPO”，将股权登记在“小蚁”区块链上，逐步将非上市公司和上市公司业务进行技术融合。

基于区块链技术的众筹平台在业内受到广泛关注，但大多数的支持者都更关注区块链技术带来的去中心化的模式改变及低成本运营效益。在这个众筹平台上，可以想象有这么一个自激活的硬件或软件，通过在区块链上共享某些知识产权和自动代理，完成产品或服务的出售和发行，来换取等价的比特币或其他加密货币，并以较低的运营成本来维持商业模式，确保投资者的合理收益。当然，这种基于区块链的去中心化的众筹平台的合规性还有待研究，其未来的发展需要更加有效的监管和法律约束。

2.4.3 智能资产

设想一种情况：2050 年的一个清晨，你走进一家杂货铺去买薯片，用智能手表在薯片包装内置芯片或包装袋表面一扫，获取了这袋薯片的哈希值。通过这一简单的举动，你就完成了薯片购买交易，既不需任何现金，也无须收银员操作。未来，随着区块链技术的应用扩展和物联网设备的升级完善，实物和资产本身就可以记录所有权的变更和交易，重新定义所有权的概念。

物联网的概念早在互联网技术发展之初就被广泛提起，小到家里的空调开关，大到配有自动召唤模式的特斯拉 Model S 电动车，物联网涵盖了包括设备、车辆和房屋在内的所有嵌入传感器、远程遥控装置和网络技术的实体，使世界互联。由于物联网所涉及的设备量大（1000 亿量级），对中心化基础设备的投入和维护成本高，以及数据安全可靠性方面存在疑虑，使得物联网的应用和拓展产生了技术瓶颈和挑战。而现在，区块链技术 2.0 时代的核心——智能合约为解决这些问题提出了可能方案。首先，区块链是一个可实现去中心化的点对点交易的分布式账本。通过区块链技术，我们在远程对智能设备或资产进行操作发出的指令无须经过中心网络的传导，就可直接实现点对点的直接联系，大大减少了信息传递的时间成本和中心化设施的投入和维护成本。其次，区块链的非对称加密技术保证了信息传递和数据的安全性。由于每个节点在发生交易时都会向整个区块链网络进行广播，直到交易接受者用私钥进行信息确认，交易才会完成，并且共享式总账在任一节点发生数据泄露或遭受黑客攻击都会第一时间被网络中拥有账本副本的其他交易者发现，从而有效避免信息被他人窃取。最后，智能合约通过编程语言，在合约或协议满足一定触发条件时，具备强制执行的特点，可消除人为因素干扰，做到理性客观。例如，基于智能合约签订了一笔汽车租赁协议，当协议满足条件时（交足押金或身份证明确认）可直接通过某种智能资产（如数字证书）形式发动汽车，不一定用车钥匙这一固定实物，来完成汽车租赁行为。

智能合约随着区块链发展到2.0时代之后被广泛应用，其最大的特点在于去信任。智能合约的规则和执行条件由编程定义，当满足一定条件时也会由编码自动强制执行，人无法主观干预或改变条件。正因为上述特点，智能合约可以最大限度地以减少信任的方式来解决或优化一些问题，通过自动执行的方式来解决法律纠纷中的一些“我认为”“通常来说”等问题。比如，利用智能合约编写一份遗嘱，约定在继承人年满18岁或是祖父母被证明死亡后行使财产分配权利。这份遗嘱生效的触发条件将被写入区块链中，包括两个条件：一是继承人达到法定年龄（18岁）后财产会自动归属到继承人名下；二是在人口数据库或公安局系统中有祖父母的死亡证明登记在册，那么财产会以自动执行的方式归继承人所有。另外，智能合约也可以应用于数字资产的自动付款。例如在基于区块链的众筹平台Swarm上，约定在项目筹得一定数额的启动资金后，才会将投资者的数字货币从比特币钱包中释放出来，同时在保证后期项目成功的前提下，资金才会被确认交易，这样就能在保证投资者资金安全的同时，将众筹平台的人工成本和设备投入降到最低。

区块链可以发行、存储和交易各种形式的资产，包括货币、金融及经济领域的各种资产，包括房屋、车辆等有形资产，也包括股票、商誉、版权、创意、健康数据等无形资产。使用区块链编码的资产通过智能合约就成为智能资产。智能资产一般是指“所有以区块链模型为基础的可交易的所有资产类型”。尼克·萨博在其1994年的论文中写道，“智能资产可能以智能合约内置到物理实体的方式被创造出来。”智能资产的核心是控制所有权，任何在区块链上注册的数字资产都可以通过控制该资产的私钥来进行交易和转让，资产出售者通过将私钥转移给另一方来完成智能资产的出售行为。例如，建立在智能合约基础上的房屋抵押贷款，当借款人将贷款还清后，抵押的房屋将通过智能合约自动从财务公司转回到借款人名下。同时，抵押贷款利率也可通过另一个连接贷款利率数据库的智能合约自动重置和校正。另一个例子是

Swancoin，一个发行数量有限的数字资产艺术品的平台，其存有 121 幅 30cm×30cm 的艺术品，可通过区块链进行实物交易。

智能资产通过私钥的转让来行使控制权，具体的应用场景是什么样子呢？很多现实的物理资产都可以通过区块链技术来实行所有权交割。比如我们的房子、车子、办公室的门禁等，都可以植入电子识别装置通过读取主人在区块链网络中确认的电子身份即可使用，不再需要配备多把钥匙或设定多重密码，区块链的信息共识共享让生活进入便捷智能时代。如果房屋或门禁缺少智能识别系统，用户还可以实时向区块链网络发送请求，智能合约接到临时验证信息的请求后会向用户或物理资产发送一次性二维码或验证码，通过密码保护方式来验证用户的身份，提供创新的身份认证和安全进入模式。另一个创新的例子是，2015 年 10 月，在拉斯维加斯召开的 Money 20/20 支付会议上，Visa 和 DocuSign 实验室合作，将 Visa 的支付技术应用到 DocuSign 的数字交易管理平台上，创建了一个可使车辆信息在区块链上登记并将与车辆相关的服务都集成进去的一体化应用。DocuSign 的产品负责人 Ron Hirson 表示，“类似于 Visa 把信用卡技术集成进入苹果手表（提供 Apple Pay 的手腕支付方式），这就像把信用卡放入到你的车辆中。车辆能够成为一种智能资产，并且为方便消费者实现双向通信。”从此，汽车上这种通过编码定义和执行的加密程序成为了一种产权，可以直接实现 ETC 通道支付或在便利店购买商品。同时，这个 APP 可以监视汽车的行驶情况，自动为汽车支付年检或停车费。4S 店或加油站也可掌握汽车实时动态，甚至在汽车还没有抵达 4S 店前就已经知晓汽车的全部情况，以及准备好汽车接下来需要的东西。你家附近的加油站在识别到你的车辆需要加油的时候会通过竞标来抢这单生意，并且车辆可以自动支付油费。这种基于区块链的物联网应用让我们可以构建一个去信任、多中心化的资产管理系统，并通过在资产本身记录所有权来简化资产管理流程、提高资产交易效率、加速社会智能化进程。

2.4.4 借贷抵押

传统合约是交易双方或多方就某件事何时做和如何做达成协议，建立在合约各方相互信任的基础上来完成的约定。而智能合约的优势在于去信任，即在交易双方完全陌生或不信任的情况下，也可以由可编程的合约来约束双方的交易行为，保障交易在触发条件下强制执行。智能合约之所以有这样的优势，主要在于其公共自治、自足和去中心化的特点：公共自治意味着合约的执行受到每一个合约参与者的监督，且履约自动执行，不需要参与者的干预；自足意味着智能合约可通过提供服务或发行数字资产来获取资金，同时也可使用这些资金；去中心化意味着智能合约是基于区块链分布式网络的，而不依赖单个中心化的服务器或节点，使信息和数据高效传递。

依赖于区块链的智能合约技术，智能资产对信任机制和中心化的要求很低，为世界各地的陌生交易者提供了直接交易的安全性保障和资产转移的便捷途径，从而可有效降低欺诈风险和中介成本。比如我们可以利用基于区块链的智能资产构建无须信任的借贷关系。在 P2P 网贷平台上，在借钱时可将智能资产作为抵押，未偿清时抵押人对智能资产没有赎回的权利，欠款还清后可通过智能合约自动解锁抵押的智能资产，从而降低借贷双方争议的概率和信贷成本，让互联网借贷更具安全性和竞争力。智能合约理论专家尼克·萨博指出，许多协议或约定出现不履约或争议问题大多是因为人的非理性决定，而智能合约的出现有效避免了人为干预，由自定义编程将合约自动执行。

我国第一个基于区块链的数字资产登记交易平台“小蚁”也涉足 P2P 网贷平台，平台利用“小蚁”登记网贷债权后，债权变得可转让、可交易，增加了流动性，债权的流转不限于本平台，还可以与其他基于区块链的借贷平台的资产进行交易，实现资产共融。用户也可以在平台上放心购买长期债权，享受高息，而不用担心债券无法贴现而存在的流动性不足问题，“小蚁”的数字资产转让交易平台为这一需求提供保障。除此之外，企业还可以与“小蚁”合作发行自己的企业债，将资产和债权数字化，通过点对点网络进行登记发行、转让交易、清算交割等金融业务。

2.4.5 积分、点券交易平台

区块链对传统金融业务的冲击体现在方方面面，但传统企业和科技巨头对应用区块链技术改善和提升原有业务范围仍持保守态度，所以从新应用领域和非核心领域去切入区块链技术进行测试是一个不错的选择。例如在数字资产发行与流通网络中，区块链用于资产登记、交易确认、记账对账和清算等。区块链数字资产网络包括资产发行方、资产交易方、交易所、流通渠道在内的各个上下游机构，它们可以按照自身角色在链上自行开展业务。

布比区块链通过其数字资产平台——布萌，成功地将区块链技术应用于商业积分、电子券、预付卡、游戏装备、保险卡单、资产证券化等领域。利用布比区块链的去中心化与不可篡改的特性，来保障亿级用户的数据存储安全和可信，并分场景对区块链进行封装，提供应用层的接口，帮助应用企业快速构建区块链应用，提供标准化的协议，实现布萌用户之间的数据信息流、价值流互联互通。以布萌平台的游戏交易为例，传统游戏的“痛点”包括：第一，不同游戏厂商和不用服务区之间的游戏道具不能实现互通交易，对接成本太高；第二，游戏用户之间的道具交易缺乏信任，需要线下第三方担保才可完成交易，费时费力；第三，游戏经济体不稳定，需要合理稳定的游戏设计和经济体支持才可保证游戏持续稳定的运营。而基于布萌数字资产平台，不同服务器和游戏之间的道具可以实现自由转移和交易，大幅提升用户活跃度和充值率。并且，小游戏公司可以将游戏经济体交给布萌生态中的专业交易所，实现公司运营轻量化，并为长期的游戏交易建立信誉体系，维持游戏内社会的稳定。

除了游戏交易外，布萌数字资产平台还提供商业积分的案例支持。当前积分市场有诸多弊端，例如存在积分零散、消费乏力、兑换烦琐和各平台间难以流通等问题。消费者手中的各类积分只能在发行方提供的有限出口消费，且各个发行方建立出口的成本高、效果差，有的小积分平台没有足够的经济实力统一发行平台，造成业务的部分缺失。同时，现有平台的现金流有兑换风险，积分兑换的上下游企业都由一家企业独自联系和推广，如果发生大面积挤兑风险，将造成企业的重大损失。而区块链分布式记账能够解决平台的积分结算问题，实现积分兑换的实时结算，同时，布萌平台具备上下游资源机构的整合功能，为平台带来资源和流通性。它可以开发统一的积分兑换接口，摆脱中小企业资金实力不足而不能参与的窘境。

布比公司与比邻共赢（Belink）合作共同开发了“数贝荷包”，致力于搭建一个以区块链技术帮助机构登记和发放非货币数字资产，并能通过社交网络传递和交换价值的数字资产管理平台。银行、保险等信用机构通过“数贝荷包”平台能快速接入区块链，并以去中心化的方式集体维护和共享一个安全可靠的数据库，在保护数据隐私的基础上，通过共享数据获得大数据经营的能力。“数贝荷包”提供了积分、卡券、信用等非货币数字资产的定制、发放、兑换、分析、管理等服务，充分利用社会化传播手段来带动渠道端流量运营，降低了营销和服务成本，并为用户提供了数字资产钱包应用，查询从各机构获得的积分等数字资产，通过赠予、发红包、交易、兑换等方式便捷地使用。目前，阳光保险和“数贝荷包”合作，以 API 的方式接入“数贝荷包”并发行通用的积分——阳光贝，将原有的阳光积分导入“数贝荷包”，以阳光贝这种通用的数字货币去兑换其他平台的积分，进行消费、转赠、交易和兑换等，提高用户的活跃度和用户黏性。2016 年，阳光积分基于区块链应用的利用率上升了超过 50%，受到了用户的广泛关注。除了保险行业，“数贝荷包”还携手北京农商银行共同发行了银行业首款具备区块链特征的积分——凤凰币作为新型个人客户综合积分，在享受原积分功能的基础上，增加了积分在账户间的自由流动。凤凰币可以转让或出售，这种创新的玩法突破了单调的积分积攒和兑换商品或服务的旧模式，开创了智能积分新时代。

2.5 保障数字货币安全

2016年8月，瑞士银行、德意志银行、桑坦德银行和纽约梅隆银行宣布将联合研发新的电子货币，并与英国券商ICAP共同向各国央行推荐该多功能结算币，希望建立区块链交易结算标准。此外，中国、英国、荷兰、厄瓜多尔等国的央行对数字货币多场景应用的研发，预示着数字货币渐行渐近。作为底层技术的区块链，或将开启金融的2.0新时代。

2.5.1 从货币的属性来看数字货币发行

货币与一个国家的经济、军事、政治、金融和历史紧密相连。货币的三大基本职能是价值尺度、交换媒介和价值贮藏。价值尺度的概念是商品价值衡量的手段，需要币值保持相对的稳定，像比特币这种每日币值波动3~4次的数字加密货币，就难以满足价值尺度的标准。价值尺度的手段实际上只是用观念上的货币来进行衡量和执行交易，并不是用真正的货币。对于交换媒介来说，商品或劳务不再充当物物交换年代的支付物，而是用货币作为交换的媒介，将商品和劳务用货币交换，再用货币与商品和劳务进行交换。

从货币形态的演绎历史来看，货币是为了商品交换而产生的，主要是为了交易的便利性，因此从这个意义上讲，交换媒介才是货币最基本的职能手段。货币实际上经历了3次变革：第一次变革是从物质货币形态向称量货币形态的飞跃。在远古时期，货币是贝壳、布匹、牲畜等一些物质形态货币，由于跨境、跨区域的贸易日益频繁，物物交换渐渐不能满足日益增长的物质文化需求。伴随着冶金技术的发展，金属货币开始进入人们的视野。从秦始皇时代开始，我国就进入了金属货币时期，铜钱开始进入交易市场。到了宋朝，人们开始使用白银进行交易。1825年，英国政府开始实施金本位制，开启了全球货币的新纪元。金属货币具备稀缺性、价值大、体积小、容易分割和携带等优点，由此，金银开始充当货币进行交换商品和劳务，从很大程度上提高了交易的便利性。第二次变革是从称量货币向信用货币转化的飞跃。国家主权货币是随着 1944 年布雷顿森林体系的兴起而建立的，布雷顿森林体系的建立预示着双挂钩的体制形成：美元挂钩黄金，其他信用货币与美元挂钩。但随着美元危机日益严重，在 1976 年的牙买加会议上，布雷顿森林体系解体，其他信用货币纷纷与美元脱钩，美元与黄金脱钩，预示着双脱钩的时代开启，国际社会进入完全信用货币化的时代。第三次变革是从信用货币向数字货币的飞跃。1952 年第一张信用卡的面世预示着电子货币的到来，由此开启了可编程数字货币的时代。值得一提的是，2009 年 1 月 25 日上线的比特币区块链网络是全世界第一个数字加密货币，伴随着金融科技理念在全球的引爆，使比特币、莱特币、联合币、瑞波币等数字加密货币得到大范围的关注和应用，基于数字加密货币的研究和应用为法定数字货币的发行奠定了坚实的基础。

2.5.2　数字货币的安全发行

比特币从 2009 年年初上线以来，因为其币值不稳定和匿名性等特征，受到了各界的质疑和诟病。特别是 2014 年 11 月 12 日，与美元的兑换一度高达一枚比特币兑换 1242 美元。在各个国家，比特币的支持者和反对者都是存在的。比如，德国是世界上第一个公开表示承认比特币的国家，美国将其列为资产，日本将其列为财产，英国正花费 1000 万英镑来进行数字加密货币的研究。与此同时，泰国公开表示境内不允许进行比特币的交易，如有发现，将处以行政或刑事处罚。我国考虑到比特币的市场风险，一直反对金融机构参与比特币的任何交易。因此，未来的法定数字货币发行的安全性成为各国央行重点考虑的范畴。

目前，考虑到数字货币的币值不稳定，业界主要讨论了以下 3 种发行模式：一是央行大账户模式。金融机构、企业和个人在央行账户开设数字货币账户，减少金融机构的清分、清算和结算步骤。这可以做到点对点的资金划转，降低了交易成本，提高了交易效率，同时也增强了央行的地位。二是央行和商业银行的二元模式。央行与各个商业银行合作发行数字货币，通过商业银行和各省市金融办来设置发行和验证节点。这种模式对于现有模式来说，冲击性不大，并且系统的融合成本是最低的。三是自由发行模式，在没有央行和商业银行等金融中介的前提下发行数字货币。在美国、日本，已经有很多商业银行开始发行自己的数字货币，比如花旗银行发行了数字货币CITICoin，为企业和个人提供跨境支付和清算结算服务。

从20世纪90年代开始，互联网技术大行其道，建立在区块链技术和传统数字加密技术基础之上的数字货币可以低成本、高效率地在更广泛的领域内加以应用。

我国央行一直高度关注数字货币的研究和发展，积极开展相关研究工作。从2014年起，我国央行就组织专家团队开始对数字货币的发行、运行框架、数字货币关键的技术手段和流通环境、国外数字货币的发行经验和运行体制进行了深入的研究。总而言之，法定数字货币的发行渐行渐近。

数字货币的快速普及与发展不仅为各个国家提供了发行法定数字货币的机遇，也给各国监管层带来了巨大的挑战。Mt.Gox、The DAO和Bitfinex先后发生了非常大的风险事件：2014年2月25日，Mt.Gox正式申请法院破产保护，因为受到黑客攻击，总共85万枚比特币被盗，价值3.5亿美元；2016年6月18日，以太坊区块链网络上最大的众筹平台The DAO被盗的以太币价值5000万美元；2016年8月12日，比特币交易所Bitfinex被盗了价值超过6000万美元的比特币。

2.6 保险创新与互助保险

保险作为一种保障机制，是市场经济条件下风险管理的基本手段，是金融体系和社会保障体系的重要支柱。随着智能和数字化社会的发展，保险的服务和销售渠道在不断拓展，保险创新产品和技术也日益多样化。为了满足消费者的衍生需求和监管层对业务流程透明化和严格管控的要求，保险公司在积极寻求创新技术和策略来开发新产品、提高服务质量、优化商业模式。区块链的出现改变了互联网化思维模式，被认为是未来互联网创新的温床。2016 年 6 月，保监会原副主席魏迎宁在清华大学五道口金融学院举办的“创新与发展中的中国保险业”沙龙上指出，区块链技术是可以解决信用问题的一个底层技术，保险经营可利用区块链的优势将信用记录在网络上公开，加上时间戳不可篡改的特点，让记录接受全网监督，降低管理成本，让保险回归最初的互惠互利的本质。2016 年 8 月，中国人民保险公司执行副总裁王和表示，“区块链以其独特和难以替代的优势，将成为解决保险商业模式创新‘最后一公里’的利器。”为此，保险行业需要高度重视并加大投入，将区块链作为保险创新的新视角，积极开展基于业务场景和商业模式的思考、探索与实践。

2.6.1　区块链促进互联网保险模式的创新与突破

互联网保险是指保险公司或保险中介机构通过互联网为客户提供一系列保险服务（包括网上投保、承保、核保、保全和理赔等保险业务）及保险产品的在线销售服务，并通过第三方机构实现保险相关费用的电子支付。与传统保险相比，互联网保险更强调透明、高效、便捷和低成本的交易和更优质的用户体验，具体体现在以下三个方面。

第一，在营销方式上，相比传统保险的推销方式，互联网保险让客户能自主选择产品。客户可以在线比较各家保险公司的产品，保费报价及保障权益清晰明了，这也使得退保率大大降低。

第二，在线服务效率更高。互联网让投保更简单，信息流通更快，通过产品咨询在线化、理赔服务互联网化、传统纸质保单电子化等方式，极大提高了保险服务效率。

第三，互联网保险也使保险公司获益更多。通过互联网可以加速保险行业的健康发展，使险种的选择、保险计划的设计和销售等方面的费用减少，有利于提高保险公司的经营效益。

在互联网保险的发展中，我们不应该只是把“互联网化”当成保险产品推广的一个拓展渠道，而应该着眼于互联网技术，实现保险商业模式的本质创新。

互联网保险的创新过程伴随着高增长和高风险，在“信用+杠杆+风险”的金融模式应用于保险业的过程中，面临着互联网信用基础薄弱、安全机制尚不健全和隐私保护不足等技术问题。区块链将互联网的架构体系和区块链技术整合，以其去中心化、去信任、多点共识和时间戳不可篡改的特性解决了互联网保险业务中的成本高、信用机制差、隐私安全度低等问题，为互联网保险商业模式的创新构建了信用保障体系，并营造了安全、可靠的交易环境。同时，区块链技术的信息共享透明为创新者提供了丰富的数据和资源，非对称加密技术确保了信息和价值在可靠的环境下传输，实现信息高效、低成本的流转，这有助于为互联网保险创建信用保障体系，促进保险业的健康、可持续发展，构建透明、完善、信任的互联网保险生态圈。区块链技术对于互联网保险的影响主要体现在以下三个方面。

首先，区块链网络多中心化的分布式账本使得网络中的所有参与者共同维护和记录一个包含全部信息的总账，来实现对安全、分布式交易的访问（分类账本可以设定只读或修改权限，并设有安全审计跟踪系统），为保险业务的治理、欺诈预防、财务数据和报告的提交等提供改善的基础。在区块链网络中，每一笔交易和变动都要向全网广播，总账信息受到全网用户的共同监督，这种信息和风险的及时准确通知可以帮助保险业改善风险和资本管理，并调整其大数据策略。区块链的共享式账本让每个保险公司都可以获取全网用户的交易行为、社交行为、账户状态和信用行为数据，从而扩大了数据获取的全面性和深度性，为风险评级和推荐保险产品提供及时准确的数据支持。

其次，区块链不可篡改的时间戳保证了每一笔交易发生的时间顺序都是确定的并且可追溯的。每笔交易的发生和更新都需要区块链全网的认证，并最终永久地计入总账本中。依靠区块链技术严格的非对称加密性和对运算能力的高要求，黑客和企图破坏区块链账本的行为都会被第一时间发现，保证了信息和数据的安全性和透明性，依靠时间戳价值传递的过程也可被追溯，进而可追溯价值传递过程背后对应的实体关系。例如，不可篡改的时间戳可以一定程度上减少骗保风险，有效解决“逆选择”和“倒签单”风险，同时还能够缩短保险时间周期，将原有保险期限细分成不同的阶段，开发更符合用户需求的、更具时间弹性的多样化保险产品，比如短期的车辆保险、特殊时段投保的人身险等。各区块前后相连的时间戳也方便监管层发现违规操作，增强监管力度，提早防范可控的风险。

最后，区块链的可编程性与智能合约技术融合，使得保险公司可以基于这本公开的账本创造任何想实现的应用，并开发相应的应用系统。基于智能合约，保险公司可以节省大量的人工审核和核保成本，程序化地处理复杂的保险产品，将投保和理赔程序标准化、自动化，并可利用智能合约强制执行的特点处理自动理赔，减少合规风险。另外，区块链的可编程、可追溯、自动化的特点也为互联网保险在运营管理、风险控制、承保和核保、客户服务、反欺诈等方面提供创新的机会和全新的视角。伴随着区块链技术的快速普及，区块链的应用将扩展至整个保险行业，甚至是整个金融圈。区块链技术的应用将会是未来保险行业最重要的基础设施建设之一，在颠覆传统保险和互联网保险的底层结构和逻辑的同时，衍生全新的保险商业模式。

2.6.2　区块链在保险业的应用场景

区块链技术因其去中心化、全网共识、匿名不可篡改的特性，为互联网保险在身份验证、数据管理、风险管控、客户服务、信息安全、自动理赔、反欺诈乃至商业模式等方面的创新提供了全新的实现路径。区块链技术带来的益处包括：减少延迟、消减成本、法律确定性更强以及改善客户服务等。此外，这种交互式的保险也会增加对保险的需求和传播，减少保险行业中再保险发生的概率。

在投保人身份验证和个人数据信息管理方面，区块链技术在保险中的应用很可能将起步于数字身份系统和个人数据管理。区块链可为保险公司和个人之间建立更直接有效的联系。如果一个人拥有全网共识的并可随身携带的储存个人过往信息和记录的区块链，就可以随时把自己的健康记录和信用记录分享给授信的第三方。第三方可通过区块链中储存的个人“生物识别数据”（例如指纹、DNA 等）来验证其身份，增进交易主体间的信任。例如，医生在交接病人时可直接根据区块链上记录的病人过往病史和就诊记录来快速了解病患的身体状况并提供进一步治疗；投保人可通过向保险公司提交健康记录和信用记录来快速获得寿险报价。如果能在区块链上查询到投保人所有的就诊记录，甚至直系亲属的就诊记录，对于投保人当前的身体状况、患病史、家族病史就有了一手的资料，将更加有效地杜绝了带病投保。区块链技术在保险业的应用，大大降低了身份认证欺诈和风险索赔欺诈的概率，降低了骗保概率和保险公司的经营成本，从而增强客户对保险产品的信任。

第三方身份识别产品正在成熟发展中。目前有好几个项目提供开放身份识别产品，比如 OpenID Connect、爱沙尼亚政府为非本国居民提供的身份识别服务、Gov. uk 验证机制，这些项目在某种程度上预示了未来的发展方向。收集、评估和管理数据方面的应用，以及物联网跨区域的互联设备入口，呼唤更好的身份识别技术和更先进的数据分析技术。

在应用智能合约进行保险自动理赔方面，区块链可保证每个人的信息（包括健康信息和信用记录）都是真实可靠的，那么在标准化的保险产品中自动理赔就成为可能。包含了索赔过程中所有文件的区块链可以让参与各方立即接触到信息，并对过程进行监控和审查。这将使得顾客、经纪人和承保人可以更加迅速地处理索赔，同时根据情况提供附加信息并快速做出决策以更快解决索赔。另外，区块链也将推动保险领域的自动理赔的保险出现。智能合约无须投保人申请理赔，也无须保险公司批准理赔，只要触发理赔条件，就可实现保单自动理赔，支付理赔金额。

智能合约可实现保险产品的自动化管理，无须等待投保人申请，智能合约可在条件符合时自动完成理赔。例如，可以发行一种基于区块链智能合约技术的航班延误险。通过调用航空公司/机场的公共接口，智能合约得以判断某次航班是否发生了延误，延误情况的严重度如何，从而自动触发理赔行为，而无须用户主动干预。自动和及时的保单处理，既实现了高效的理赔，也减少了理赔处理的成本，同时提高了客户和保险公司双方的满意度。除了航空延误险外，智能合约对于车险也同样适用。智能车险合约的触发，可以通过网络与车相连，通过区块链技术储存，一旦车发生事故，合约触发，就可以开始进入理赔阶段。在智能合约里，可以指定车主的修车地点，避开投保人自行选择昂贵的维修厂，进而控制理赔费用的支出。

在解决信息不对称和风险欺诈方面，传统的保险业面临严重的信息不对称问题。投保人和保险公司都有道德风险，而现在可以通过区块链技术建立一个分布式的公信力平台，来规范和维护投保人和保险公司之间的关系。大众可以验证区块链中保险公司注册信息的合法性，并举报任何伪保险公司。同时，政府可以加入其中，作为区块链中的一个节点来监测保险公司的现状。多家保险公司可以联合起来，建立一个闭环生态系统，使得保险公司之间相互监督。这使得众多保险公司可以及时发现某家公司财务上的问题，并向大众有效披露，确保保险产业生态的健康。以2016年3月发生的4000万元意外伤害险骗保案为例，扬州的周某在十余家寿险公司投保，直到人工核保时才被查出来。如果在区块链记录了他的每一次投保信息，保险公司很快就可以发现并及时采取措施。

区块链技术可以使现代版本的“保赔俱乐部”得以实现。区块链为参与者提供了一个管理和承担预先已确定风险的平台。在此平台上，保险公司的角色可能会从风险处理者变为风险管理顾问。客户将不再依赖于中间商或中介，而是依赖于区块链及其不可更改的特性。例如，阳光保险已经推出了国内首款具备区块链特性的微信保险卡单，价格为每份60元，可使用20人次，每次可获得高达200万元的航空意外保障。这是国内首次将主流金融资产放在区块链上流通。该保险产品既能防止客户购买到假保单，同时借助区块链技术多方数据共享的特点，也可以追溯卡单从源头到客户流转的全过程，参与方不仅能查验卡单的真伪，确保卡单的真实性和唯一性，还能方便后续的理赔流程。

2.6.3 区块链技术催生全新保险商业模式

合同化的产品似乎最有可能成为保险的新领域，如合作经济的保险产品等。基于智能合约的炫酷产品最可能应用于保险新领域（比如互助经济保险产品），或者应对由区块链技术应用而兴起的新风险（比如数字资产保护）。最终，随着经验的积累，人们对区块链的信心增加，传统保险业务模式将被取代。

区块链技术，尤其是智能合约，可以实现互联网保险合同在区块链分布式账本系统下的自主执行，降低了人工操作成本，并提高了交易双方的信任。同时，在大数据时代更注重数据的量级和维度，而淡化了数据质量本身，从而可以实现数据的“自验证”。这种数据的“自执行+自验证”的组合为“自金融”模式提出了可能，为人们提供了风险融资的点对点交易方案，并衍生出一种不再依赖保险中间商、自行创建虚拟风险池来进行“自管理”的全新保险商业模式。在这种商业模式中，保单定价和执行可通过智能合约的条件设定来自动执行并进行不断的自我重置和动态调整，保证风险模型总是能真实、客观地反映风险水平，确保资金池充足并覆盖风险暴露。自金融是区块链技术的深层应用，目前互联网金融还没有完成向直接金融的发展的原因是其底层技术和体系还建立在原有金融基础之上，无法独立并解决安全性、透明性、不可灭失性等底层问题，而区块链技术为这些问题的突破提出可能。私有区块链与自金融的形态非常接近，公有区块链则更类似于对私有区块链底层的支持和保障。同时，自金融的实现还需要金融管理技术的第三方化这个必不可少的条件。在“自金融”概念下，催生了一个类似于去中心化管理的点对点的区块链保险应用——互助保险，推动保险业进入互助保险 2.0 时代。

互助保险是指面临同样风险而产生共同保险需求的人自愿组织起来，共同协商制定风险补偿规则，预交风险补偿分摊资金，从而共担每一个参与者的风险损失。这说明，互助保险的参与者就是这个自发组织的股东，投保人之间具有相互保障的权利和义务，并且对互助保险组织或公司可行使所有权、管理权和监督权。与传统商业保险相比，互助保险的保障范围更广，主要面对的目标客群较小且是同类人群，并且保费支出因为销售支出少和资金收益直接返还投保人的原因而比商业保险低很多。同时，商业保险在资金筹集渠道、公司决策能力和组织规范力度上要强于互助保险。两者各有所长，对于整个社会而言，它们和社会保障及企业的自保险体系一道构成完整的保障体系，互为补充，缺一不可。

基于区块链的互助保险可能会颠覆现有的传统保险模式。因为区块链去中心化、可摒弃第三方中介进行直接点对点交易的特性，与互助保险建立的初衷非常相似，所以非常适合在区块链网络上建立互助保险平台。保险本身就是一个互助行为，商业保险需要保险公司作为资金归集方和中介为广大的、零散的、需求不同的客户提供统一的保障和投资，而互助保险完全可以通过点对点互助的形式，在没有资金池的情况下通过互助的方式来达到相互保障的目的。智能合约可保障当一人出险时其他人可以自动向其支付赔款，并利用区块链技术使所有信息和出险数据多点共享，降低了信息不对称性和逆向选择的风险，使得出险历史和投保人信用可追溯，有利于帮助互助保险的投保人了解对方并降低管理费用和管理难度。区块链可以保障用户信息安全，所有的个人敏感信息都高度加密存储，除非用户授权，否则其他人无法查阅和窃取。在该模式架构下，保险公司的角色将逐渐转变为专业咨询和互惠池机制管理，而不是直接承担风险。2016 年 5 月，基于区块链技术创立的“水滴互助”，获得了 IDG、腾讯、真格等机构的 5000 万元风险投资。国内互助保障平台“众托帮”的首款产品“众托 1 号抗癌互助医疗计划”在上线 35 天内交费用户就突破 40 万人，也是得益于区块链技术的运用。互助保障平台本身是一种信息撮合平台，不承担保险责任，互助保障责任则源于会员之间的彼此约定。区块链技术的引入，让这种保险责任的厘清变成可能。

第 3 章　金融信任时代

3.1　金融的本质——信用

在中共十八届三中全会上，我国提出要健全社会征信体系。2014 年 6 月，国务院颁布《社会信用体系建设规划纲要（2014—2020 年）》，明确了我国社会信用体系建设的方向。

正如 2015 年 2 月重庆市市长黄奇帆所言，金融的本质之一是信用、杠杆、风险。金融的本质是资金融通和借贷交易，核心是信用风险管理。没有信用就没有金融。信用是金融的立身之本，是金融的生命线。信用作为金融的生命线，主要体现在三个方面：第一，金融企业自身要有信用；第二，与金融机构有业务往来的企业要有信用；第三，普通民众在存款、投资的过程中，各种中介服务类的机构要有信用。商业实践已经证明，没有信用的支持，融资必将成为空谈。信用是金融的安身立命之本。

3.1.1　关于信用的概述

人类社会发展至今，信用有着多层含义。关于信用的内涵，可以从不同的角度进行理解。

社会层面：信用是由从事各类生产活动的社会成员所建立的社交关系，是以诚实守信为基础的“践约”行为。

法律层面：《合同法》要求“当事人行使权利、履行义务应当遵循诚实信用原则”，并“根据合同的性质、目的和交易习惯履行通知、协助、保密等义务”。

货币层面：信用创造学派认为，信用就是货币，货币就是信用，信用创造货币，信用形成资本。

经济学层面：信用是指在商品交换等经济活动中，授信人在信任受信人能够兑现其承诺的基础上，以契约关系保障本金安全及增值的价值运动。

3.1.2　信用的产生和发展

私有制出现后，随着生产力的发展，社会分工开始细化，物质资料的生产逐渐丰富，生产者各自占有不同的劳动产品，交换活动随之产生。随着商品生产和交换的发展，商品流通环节的矛盾逐渐显现出来，具体表现为：“一手交钱，一手交货”的交易方式受客观条件的限制，经常不能满足交易各方的实际需求。例如，商品生产者在出售自己的商品时，购买者可能暂时没有足够的资金进行支付。因此，延期支付（赊销）应运而生。

赊销代表卖方对买方未来付款承诺的信任，意味着商品的让渡和价值实现发生了时间上的分离。至此，买卖双方除了商品交换关系之外，又形成了一种债权债务关系，即信用关系。当赊销到期、支付货款时，货币不再发挥流通手段的职能，而只充当支付手段。这种支付是价值的单方面转移。正是由于货币具备支付手段的职能，使得其能够在早已让渡商品之后独立地完成价值的实现，从而确保了信用的兑现。这个过程实质上就是一种区别于实物交易和现金交易的形式，即信用交易。

随着商品流通的发展，信用交易逐渐超出了商品买卖的范畴。作为支付手段的货币本身也加入了交易过程，借贷活动便由此产生。至此，货币的运动和信用关系联结在一起，并由此形成了新的范畴，即“金融”。

本质上，现代金融业是信用发展的产物。在市场经济发展初期，市场的行为主体大多以延期付款的形式相互提供信用，即商业信用；市场经济步入发达时期，随着银行的出现和发展，银行信用逐步取代商业信用，成为现代经济活动中最重要的信用形式。

信用交易和信用制度是随着商品货币经济的不断发展而建立起来的，信用交易的产生和信用制度的建立又进而促进了商品交换和金融工具的发展。最终，现代市场经济发展成为建立在错综复杂的信用关系之上的信用经济。

3.1.3 信用的基本形式

1. 公共信用

公共信用代表政府举债的能力。政府为本国民众提供的公共服务（包括教育、医疗、社会福利等），需要大量的经费才能维持运转。多数情况下，政府税收的增量并不能完全应对政府支出的增量，随之产生的便是财政赤字。为弥补财政赤字，政府通常会发行各种信用工具，这些信用工具代表政府对持有人所做出的将来偿还借款的承诺。这种偿还债务的承诺来自公共机关，因此称为公共信用。

以美国为例，美国政府共分为 3 个层级：联邦政府、州政府、地方政府。联邦政府的财力雄厚，债信良好，各路资本买手始终不断；州政府和地方政府财力有限，信用风险较高，其发行的公债的吸引力不如联邦政府的公债高。

2. 企业信用

企业信用通常指企业法人之间的授信行为，本质是卖方企业对买方企业的货币借贷。企业信用还涉及商业银行、财务公司、其他金融机构对企业的信贷，以及使用即期汇款付款和预付货款方式以外的贸易方式所产生的信用。

银行本质上是经营信用的企业。在产品赊销过程中，商业银行等金融机构为买方提供融资支持，并帮助卖方扩大销售。商业银行等金融机构以货币方式授予企业信用，贷款和还贷方式的确定以企业信用水平为依据。商业银行对不符合其信用标准的企业会要求提供抵押、质押作为保证，或者由担保公司为这些企业做出担保。这种情况实质上是担保公司向申请贷款的企业提供了信用（即“增信”），是信用的特殊形式。

3. 消费信用

消费信用是指消费者以对未来偿付的承诺为条件的商品或劳务的交易关

系。20 世纪中后期，随着科技的发展，生产力大幅提高，商品被大量制造出来。为了推销商品，商业公司设计出多种创新营销方式，例如分期付款、赊购证、信用卡等。消费者信用的出现扩大了市场的规模，并使消费者可以提前享受到他们想要的商品及服务。

4. 国际信用

国际信用是指国际借贷行为，包括以赊销商品形式提供的国际商业信用、以银行贷款形式提供的国际银行信用以及政府间相互提供的信用。

3.1.4　信用的基本特征

1. 信用具有社会性

信用是以信任为前提和基础，发生在授信人和受信人之间的社会关系。例如，银行在吸收存款时，是受信人，与存款客户发生信用联系；银行在发放贷款时，则为授信人，与贷款客户发生信用联系。这体现了信用多层次的社会关系。

随着时代的发展，信用始终处于发展变化之中。在当今社会，传统的信用观念发生了巨大的变化，人们对信用的理解不断深化。信用不断影响着经济发展和社会生活，成为越来越重要的社会关系。

2. 信用的伦理和文化特征

信用属于伦理学范畴，体现为一种约束人们行为的道德准则。诚实守信得到社会的赞扬和信任，失信则将受到谴责和拒绝。当社会成员都认同并遵守该道德准则时，社会信用环境就会优化，失信的行为就会减少。

不同的文化背景对信用的理解存在差异，则体现出信用的文化特征。例如，在中国传统文化背景下，人们普遍厌恶“债务”与“透支”，将“寅吃卯粮”视为“恶习”，主张节俭和量入为出。在西方文化背景下，人们对透支习以为常，超前消费被社会普遍接受。

3. 偿还和付息

经济学和金融学范畴中的信用，其基本特征是偿还和付息，即信用是一种借贷行为，借贷的条件是到期要按时偿还本金，并支付使用资金的代价——利息。信用是价值运动的特殊形式，所有权没有发生转移，而是改变了资金使用权。

3.1.5 信用的作用

信用的作用主要表现在以下五个方面。

一是优化资源配置，提高资金使用效率。通过借贷，可以使资金流向投资收益较为理想的项目，可以使投资项目得到运营所需的资金，资金的借出方还可获得相应的收益；通过信用调剂，将资源及时转移到需要的地方，从而使资源得到最大限度的运用。

二是加速资金周转，节约流通费用。信用能使大量处于相对静止状态的闲置资金，通过集中、投放的方式运动起来，从而加快了整个社会的资金周转效率；同时，利用各种信用形式，还可以节约大量的流通费用，增加资金的使用效率。

三是加快了资本积聚和集中的速度。信用是集中资金的有力杠杆。信用制度能够帮助各行业龙头企业快速聚集社会闲散资金，从而使企业规模迅速扩大。

四是对国民经济起到了重要的调节作用。信用调节经济的作用，主要表现为国家利用货币和信用制度，来制定各项金融政策及金融法规，利用各种信用杠杆，来改变信用规模及其运动趋势，从而调整国民经济。

五是促进了国际贸易及世界市场的形成与发展。

3.1.6 区块链与信用

区块链技术提供了一种去中心化的、无须信任积累的信用建立模式。区块链技术利用数据区块，摆脱了目前互联网对中心服务器的依赖，使得所有数据变更或者交易项目都记录在云系统之中，理论上实现了数据传输中对数据的自我证明。长远来看，区块链技术摆脱了传统意义上需要依赖中心的信息验证模式，降低了全球“信用”的建立成本。

3.2 区块链与信任

3.2.1 区块链是信任革命

1. 区块链技术是去中心化、去信任的底层架构技术

第一代互联网架构是基于TCP/IP协议的中心化架构，该协议保证了传递信息时信道的可靠性，但无法保证信息的真实性。由于金融业与各个行业及绝大多数个人都会产生业务往来，因此，金融行业的技术架构需要同时满足开放性与安全性的要求，而区块链技术可以为此提供理想的技术支持方案。

2. 区块链在银行、支付和证券交易领域的应用前景广阔

在银行领域，全球知名银行都在积极布局区块链，并以各种形式参与区块链技术的模型验证及商业开发，同时还为区块链创业企业的发展提供资金支持。例如，英国的巴克莱银行正在试验运用区块链技术来优化支付条件。据测算，区块链技术的应用每年可为全球银行业节省200亿美元的中间费用。

在支付领域，以国际支付平台Ripple为例，如果在Ripple平台上使用瑞波币为国际支付的中间货币，则能节省42%~60%的支付成本。

在证券交易领域，纳斯达克目前已准备将区块链技术应用于私人股权交易市场；美国知名在线零售商Overstock则建立了区块链技术平台，并在该平台发行了数字债券。

3.2.2 区块链加固信任关系

任何信任关系都是在一定的条件上才成立的。“无条件信任”在真实世界中并不存在，每一种信任关系都有其对应的历史和社会因素。一旦这些因素发生改变，与之相关的信任关系必将面临调整与重构。

信任关系的可靠性与条件性高度相关：形成信任关系的条件要素越稳定，信任关系就越为可靠。当信任关系建立起来后，有了稳定的条件性和高度的可靠性，就能显著地提高在信任关系内的有关对象处理事务的效率。如果信任关系的条件基础发生改变，其可靠性将会受到影响，进而影响到信任关系内各方的实际利益。

信任关系的可追责性既是在信任关系被破坏、各方利益受损后，及时止损获取补偿的必备条件，也是防范信任关系被破坏的要素。可追责性越明显、越稳固，信任关系内的各方越要顾虑到破坏信任关系所要付出的代价。可追责性必须在信任关系破裂后依然能够续存，才有防范和警示的作用。

在传统的中心化模式下，可追责性是由中心化的记录系统所保证的，但即使引入第三方的中心化监管模式，也无法杜绝该第三方被渗透、破坏以及造假的可能性。在这种模式下，可追责性是通过信任关系维持的，即个体成员必须相信：使系统维持可追责性的组织，能够真实、准确、按时地记录在信任关系内发生的有关事务，无论组织是属于责任承担方还是与责任无关的独立第三方。

区块链技术对可追责性上带来的最大改变，就是它实现了数据历史和数据内容在不同参与者之间的双向可校验性。以流行病疫情的汇报为例，在传统的中心化应用模式下，终端医院的医生使用中心化的疫情汇报系统向上级部门发送数据，但该医生并不能确定自己发送的数据是否能够被上级部门的系统如实记录以及转发到更上级的部门中，成为制定有效防疫政策的依据。

在区块链技术下，每个数据节点都可以在保证真实性和完整性的情况下，对完整的数据历史和数据内容进行查看和备份，因此为可追责性带来了很大的改进。以上述流行病疫情的汇报为例，医生不能在漏报、瞒报的情况下，以上级部门篡改记录为由，将过失推给上级的中心化管理系统；上级部门也不能在接收到疫情报告后，对报告内的时间和具体数据进行单方面改动。因此，极大地提高了信息的可追责性。第三方的监管机构也从数据的监管和维护责任中分离开来，更提高了监管的公信力。

从 2015 年开始，德勤会计师事务所运用区块链技术改善审计业务的尝试，也与区块链技术对可追责性带来的进步是分不开的。

区块链技术解决的最大难题是能够在无法建立信任关系的系统中建立共识。相对于依靠信任关系建立起来的中心化系统，使用区块链技术能在很大程度上提高信任的可追责性，从而增加各方破坏信任关系的成本，最终达到提高信任关系的可靠性的目的。

3.2.3　区块链重构信任机制

从经济角度分析，出于降低交易成本的需求，制度得以产生。制度由社会各界通过共同协商的方式制定，以文字形式进行记录。当个人或团体的行为符合制度的时候，会得到认可及鼓励；当个人或团体的行为违反制度的时候，就会受到相应的惩罚。通过制度的建立，引导人们在可控范围内自觉规范自己的行为，从而降低全社会的不确定性及风险，以达到降低交易成本的目的。同时，制度必须适应经济发展状况，依托科技进步成果，做出及时调整，以便在提供信息、引导行为、降低交易成本等方面发挥积极作用。

目前，交易成本相对高昂的根源主要在于现行契约制度下信用机制的缺失。由于信息不对称的存在，交易各方在进行交易时，经常受到诚信度、交易意愿、违约成本等因素的影响，致使交易各方在整个交易过程中需要进行多次谈判博弈，从而使整体交易成本居高不下。商业实践表明，在契约合同中设置的违约责任对交易主体的约束力经常不能达到预期效果，而且，即使相关补救机制能够发挥作用，同样会造成其他社会资源的大量消耗。区块链的低成本信用创造机制，能够很好地解决上述问题。

1. 解决所有权确认问题

区块链最大的创新点在于信用的创造机制。区块链技术基于数学原理，进行了信用创造机制的重构，通过算法创造信用，进而达成共识背书。交易各方可以在不了解对方基本信息以及没有第三方机构担保的条件下，就能够进行可信任的价值交换。

区块链的技术特点为交易系统对价值交换过程的记录、传输、存储结果的可信度提供了保障。在区块链上记录的信息，一旦生成将被永久记录，无法篡改；除非能控制全网总运算能力的51%以上，才有可能修改最新生成的一个区块记录。该体系能够让交易各方在脱离中心化机构认证的情况下达成共识，也使信任的建立摆脱了传统意义上对于制度的依赖，即交易各方可以不信任交易对手，但必须信任最终实现结果的信用方式。

在区块链系统内，价值转移过程中的信任机制，主要通过“非对称密钥对”来实现“身份验证”以及“授权验证”。“非对称密钥对”需满足以下两大条件：第一，对信息用其中一个密钥加密后，只有用另一个密钥才能解开；第二，其中一个密钥公开后，根据公开的密钥也无法测算出另一个。其中公开的密钥称为公钥，不公开的密钥称为私钥。

公钥是公开的、全网可见的，所有人都可以用自己的公钥来加密一段信息，从而保证信息的真实性；私钥则为信息拥有者所独有，只有拥有相应私钥的人才能够解密加密信息，从而保证信息的安全性。私钥对信息进行签名，公钥验证这一签名，通过公钥签名验证的信息就会被确认为私钥持有人输出的价值。公钥对交易信息加密，私钥对交易信息解密，私钥持有人解密后，则可以支配其收到的价值。

2. 解决安全信任问题

区块链技术通过将安全管理的控制机制从监管层面转移到基础架构层面，从而使系统的安全、可靠性得到保障。区块链的高容错性、透明性、不可篡改性是其安全稳定的核心。这些特点可以帮助解决基于区块链完成交易的安全信任问题。

区块链技术的高容错性保证了交易环境的安全性。区块链的各节点分散于全部网络，能够有效避免中央服务器故障、恶意攻击等因素的影响。记录于区块链上的数据和信息可以从任意节点访问，任何特定节点的故障不会影响区块链整体的正常运营。目前，比特币已经在全世界范围内的网络节点上成功运行，在经历了区块链分叉、价格波动等波折之后，区块链技术表现出了良好的安全性和抗攻击性。

区块链技术的透明性和不可篡改性保证了交易记录的安全性。所有数据的产生都会被区块链全网通报并实时更新，所有节点都可以下载完整的分布式账本，所有用户都可以对账本中的信息进行公证。当新数据写入区块后，新生成的区块通过共识机制，按时间顺序加入区块链，该流程是不可逆转的，并且账本上的任何变动都是可追溯的，任何试图篡改信息的个人或组织都将付出极为高昂的代价。

区块链技术通过密钥控制和有权限的使用保证了交易过程的隐私性。在不泄露个人身份信息的前提下，基于节点的分布式控制特点，通过将私密性和匿名性嵌入到隐私权限设计中，向授权方共享基本信息，来实现对财务、家庭、健康等私人机密信息的保护。同时，政府部门可以制定隐私保护技术标准，并要求通过代码运行来自动实现隐私保护。分布式账本可以大幅提高信息的安全性和隐私保护能力，特别是在物联网的应用中作用尤为明显。

以 Skuchain 为例，作为一家基于 B2B 交易和供应链金融的区块链技术提供商，该公司一直尝试利用区块链数据追踪技术解决假货问题。在此之前，机构主要通过纸质文件来证明产品来源，但是没有办法证明该类纸质文件是否被伪造。如果将产品的供应链管理置于区块链系统上运行，通过智能芯片等防伪技术自动追踪、监测产品的产地、运输路线以及交易信息，以此形成不可伪造的真实记录，这样就可以更好地打击假冒伪劣产品，从而有效地解决品牌信任问题。

3. 解决信任执行问题

基于区块链技术的智能合约，可以在脱离第三方机构认证的情况下，自动执行已确认的合约条款，能够有效规避违约风险及操作风险，从而解决了交易各方的信任问题。在现实生活中，智能合约典型的应用场景就是自动售货机：基于程序化的设计，任何人都可以用货币与供应商进行交易；通过向机器内投入货币（或扫描二维码），选择想要购买的商品和数量，自动完成交易；自动售货机的安全硬件（包括保险箱、验钞机等），则可以防止暴力攻击以及假钞的进入，从而保证安全运行。

在区块链上嵌入智能合约，则可以在更大范围内、更深层次上解决交易各方的信任问题及执行问题。以家族信托为例，委托人和信托机构及律师事务所之间可以共同协商制定合法的智能合约。该合约需要实现以下三个功能：第一，委托人将合法的可支配资产以区块链技术进行原始资产的所有权确认并交予信托公司进行投资运作，资产运作所获得的收益以加密货币的形式冻结在合约中。第二，对于资产收益未来的使用，以智能合约形式进行规定，即合约中包含的家族成员只有在达到合约规定的条件时（例如，子女考入规定的大学可以获得学费、家族成员创业可以获得启动资金等），才能获得相应的资金支持。第三，在智能合约架构下，协议通过代码自动执行，如果家族成员达到了合约条件，就会得到资金支持，任何不在合约中的个人或机构均无权触发合约，也不能支配资产。委托人、信托机构及律师事务所在合同执行过程中的操作风险和违约风险，通过各方达成的智能合约均可得以规避。

未来，智能合约将根据交易对象的个性化需求，生成更加自动化的协议。随着人工智能的发展，机器对于复杂逻辑的理解逐渐成为可能，从而可以根据合约的需求智能执行相关内容。智能数据处理系统则能主动帮助起草人查找合约在逻辑及执行方面的漏洞，从而扩大智能合约的应用广度和深度，更好地规避交易过程中的信任风险。

从信任角度分析，区块链技术是运用数学方法解决信任问题的产物。在过去，社会的运行主要依赖制度的建立，在社会成员之间形成信任，从而规范和引导社会成员的行为。区块链技术运用基于共识的数学方法，在机器之间建立信任并创造信用。通过“非对称密钥对”解决所有权信任问题，即通过基于区块链技术解决价值转移过程的安全信任问题，通过智能合约解决信任执行问题，最终实现“无须信任的信任”。

3.2.4　区块链架构下可信任的商业社会

信息安全、网络安全，实质上是为了保护信任关系而建立的，即保护信息的保密性，确保交易的完整性，确保交易的可追溯性，保障信息系统的可用性。

在构建可信任数字世界的过程中，新的技术应用越多，场景设计越复杂，商业伙伴之间建立信任关系的成本也就越高。大数据时代下，各种数据在互联网上进行传递。数字化的商业环境成立的前提就是相信数字世界，复杂的生态对信用关系的建立和维护提出了更高的要求。

1. 区块链中的信息安全元素

区块链记录的账本信息将存有交易信息的各个区块按照交易发生的时间先后顺序连接在一起。把单个区块连成一个链，这样就保证了单个区块链的完整性；区块与区块之间的链接则可以形成一个链条，这样就保持了链条的完整性。在整个链条的生成过程中，每一次交易生成后还会加入时间戳。

2. 区块链在信息安全领域的应用

区块链在数据存管、数据防篡改、可持续性等方面的应用前景广阔，在应对大规模集中式黑客攻击以及金融领域的客户身份验证（KYC）等方面都提供了新的思路。其中，区块链分布式存储也许可以降低数据集中化风险，保障可持续服务。

在应用区块链技术之后，客户的身份验证过程将更便捷：银行之间可以通过区块链来共享身份认证，用户在一个银行的身份认证可以被传递到区块链上，其他的银行可以借助这个区块链来完成对用户的身份验证。

区块链在信息安全领域得到了较大范围的应用。例如，飞利浦集团探索利用区块链来解决医疗数据信息保护的难题，Factom 则利用区块链来构建安全可信赖的公证服务。

3. 区块链面临的信息难题

2016 年 6 月，全球最大的区块链众筹项目 The DAO 遭受攻击。The DAO

本质上是一个众筹协议，是一个多人互助的投资平台，类似于“共享经济”。The DAO 的协议设计架构为：只要获得部分客户的同意，就可以生成一个子项目，资金也可以做相应的分割。该规则本身没有问题，其漏洞出在该智能合约的程序上。智能合约的执行需要相应的触发条件，The DAO 的漏洞在于对金额生成为零的条件过滤不充分，而被黑客所利用。

区块链是一个安全的分布式账本技术，当问题涉及区块链以外的应用安全时，很多信息安全问题并不能依赖区块链来解决。例如智能合约，如果代码建造方面出了问题，智能合约将被错误地触发。信息和利润风险是相伴相随的，人们在数字化时代要进行新技术的风险管理，也要对新业务形态和产品进行风险管理。

区块链能解决一部分信息安全问题，能帮助商业社会重塑新型的信用关系，但并不能解决所有的信息安全问题，它的大规模应用需要一套完整体系，这其中就包括监管。

3.2.5 区块链的监管思路

2016 年 5 月 31 日，新加坡金融管理局（Monetary Authority of Singapore，MAS）召开了针对当年 11 月 Fintech 大会的发布会。在会上，MAS 主要负责人表示，新加坡政府在近期内推出了“沙盒（Sandbox）”机制，这会让区块链初创企业能够获得极大的创新空间。尽管新加坡国土面积不大，但是有不少区块链初创企业，它们非常希望能够在全球的区块链行业发挥更加重要的作用。新加坡的创业者和监管者也表示，新加坡总理李显龙曾公开督促金融部门要跟上区块链技术发展的步伐，因此新加坡银行机构将更多地关注贸易金融领域区块链的应用。

在上述发布会上，MAS 负责人在介绍新加坡政府对于区块链及 Fintech 等金融创新的主要监管态度时，公开表示他们非常欢迎各类金融创新，即使和目前的法律法规有所冲突，只要预先备案并且在他们指导下展开业务即可，即使以后被官方终止相关业务，也不会追究相关法律责任。

通过这种“沙盒”机制，能够让政府在可控范围内进行多种金融创新，并且也能够让创业者放心尝试各种相关的创新业务。除了新加坡政府之外，英国政府也针对 Fintech 行业尝试推出了类似的“沙盒”制度。

新加坡推出的“沙盒”机制引起了区块链领域相关企业的强烈兴趣。以太坊创始人 Vitalik Buterin 及万向区块链实验室已于 2016 年 6 月访问了新加坡金融管理局、新加坡管理大学，希望更多地了解新加坡政府的这种创新机制，同时也希望能够与新加坡的相关区块链企业进行充分沟通，让更多亚洲地区的区块链企业有更多的互相了解，以共同探索区块链的未来发展道路。

3.3　区块链如何解决“双花问题”

互联网上的信息复制成本几乎为零，数字资产具有无限可复制性，如果没有可信赖的第三方监督，则无法确认一笔数字现金是否被花掉，这就会出现“双花问题”。

为了解决上述问题，区块链参照了“拜占庭将军问题”的解决方法。针对这一问题，数学家给出的设计方案为：让将军在接到其上一位将军标有进攻时间的信件之后，写上“同意”或“反对”，并盖上自己的图章，然后把信转发给其他所有的将军。在这样的信息周转之后，最后会出现一个盖有超过半数将军图章的信息链，以保证将军们在互不信任的情况下达成共识。

区块链的技术原理参考了“拜占庭将军问题”，提出了解决“双花问题”的方法。为了保证每笔支付后资产一定少掉一部分，防止出现重复支付，中本聪提出通过盖戳的形式来进行公证。为了去中心化，中本聪提出全网记账，每个节点都可以来竞争盖戳，互相认证。为了激励大家参与记账，会给抢到记账权的人若干比特币作为奖励。计算机的运算能力越强，抢到盖戳权的可能性越大。包含了一段时间交易信息的区块被盖上时间戳后，与上一个区块首尾相连，最终会形成一个完整的公开账本数据库。

以比特币为代表的数字货币的核心点在于通过时间戳和工作量证明机制，来解决双重支付和“拜占庭将军问题”；保证同一笔比特币不会同时出现在两个地址，并且在信道可靠的基础上，所有节点都可以让其他节点接收到自己的真实意图，最终一致行动。

一方面，每一笔付款都会被全网通报给系统中的所有节点，任何人都可以使用收款者的公钥来验证这个交易的合法性。如果付款者试图双重支付，就必须先删除这个交易记录，否则新交易无法通过验证。时间戳服务器为一个区块的数据的哈希计算结果加上时间戳，并大范围发布这一哈希计算结果，类似于在报纸或新闻网上发表。

另一方面，工作量证明机制使得生成下一个区块的节点和“矿工”极难被预测，因此删除交易记录几乎不可能。系统中的节点将固定时间内的比特币交易进行打包，只有获得有效哈希值的“矿工”才能生成新区块，并得到挖矿奖励。

而且，如果两个节点同时通报不同版本的新区块，那么一些节点会先收到其中一个的通报。在这种情况下，节点在先收到的区块基础上工作，并保留另外一个分支，以防后者变成较长的链。这个状况则要到下一个工作量证明才能被打破，其中一条链将成为较长的链，在另一个分支上工作的节点将切换到较长的链上继续工作；节点永远认为最长的链是正确的链，并将持续在它上面延长，除非永久控制整个系统中超过一半的节点，才能阻止“矿工”把这个交易添加到新区块中。

区块链本质上是一个安全、可信的分布式数据库，同时也是一个可以共享、不可篡改的分布式分类总账。区块链中的每个节点都可以将其记录的数据更新至网络，每个参与维护的节点都能复制获得一份完整的数据库拷贝，这就构成了一个去中心化的分布式数据库。区块链针对“如何在分散的系统中验证信用”这一问题提供了最优方案，这项技术最大的突破在于陌生的两个人不再需要一个共同信任的第三人以实现相互信任。

3.4 区块链与征信体系

信用交易是市场经济发展的枢纽，同时也蕴含着多元化的商业和金融风险。健全的征信体系能够显著提高信用风险管理能力，培育和发展征信市场，对维护经济金融系统持续稳定发展具有重要价值。建立标准化、开放化的数据收集体系，将成为必然的趋势。

所谓征信体系，指由与征信活动有关的法律规章、组织机构、市场管理、文化建设、宣传教育等共同构成的一个体系。征信体系的主要功能是为信贷市场服务，但同时具有较强的外延性，也服务于商品交易市场和劳动力市场。

社会信用体系是市场经济发展的必然产物。在市场经济长期发展的实践中，发达国家形成了相对比较完善的社会信用体系。由于各国经济、文化、历史背景的不同，各国均形成了各具特色的社会信用体系模式。以发达国家为例，征信体系模式主要有市场主导、政府主导和会员制 3 种模式。美国、加拿大、英国及北欧国家采用市场主导型模式，法国、德国、比利时、意大利等欧洲国家采用政府主导型模式，日本则采用会员制模式。

在我国，受限于数据征集渠道较窄、应用场景较少、基础数据分散度较高等因素，一定程度上阻碍了征信体系的建立，特别是对传统征信体系影响较大。

近年来，快速普及的互联网技术从根本上改变了人们的生产生活方式，“互联网+”概念已经成为全社会的关注热点。2015 年 1 月 5 日，央行下发《关于做好个人征信业务准备工作的通知》，要求芝麻信用、腾讯征信、前海征信、鹏元征信、中诚信征信、中智诚征信、拉卡拉信用、华道征信 8 家机构做好个人征信业务的准备工作，准备期为 6 个月。这表明了央行对互联网征信机构及业务模式的肯定，同时也标志着我国征信市场正式跨入“互联网+”发展阶段。在此背景下，发展“互联网征信”将是全面建成社会信用体系的重要组成部分。

与传统征信相比，互联网征信具有以下六个特点。

从信息数据来源来看，传统征信的渠道主要集中在线下，征信主体需要花费花费大量的人力、物力及时间才能完成征信工作，综合成本较高。而互联网征信的渠道主要集中在线上，以互联网为载体，通过抓取、采集和整理个人及企业在线产生的数据信息，综合线下获取的数据信息，利用大数据、云计算等技术手段，开展信用评估与服务工作，综合成本相对较低。

从征信主体来看，我国的征信体系以中央银行为主导。现阶段，我国央行征信系统已经与商业银行、小额贷款公司以及融资性担保公司实现互联互通，数据来源广泛，沉淀数据量大，在我国征信体系中处于绝对主导的地位。而互联网征信的主体具有市场化、多元化的特性，其核心在于技术和数据信息的积累，以及深度挖掘、整合、分析海量互联网信息的能力。市场化征信公司、电子商务企业、互联网公司在该方面具有较大优势，未来将成为互联网征信市场的中坚力量。

从数据的组成和构成来看，传统征信的数据主要来源于从事借贷业务、担保业务的金融从业机构。而互联网征信的数据来源于身份数据、社交数据、行为数据以及日常活动数据等。线上的行为模式可以折射出征信对象在性格、习惯、心理等方面的数据信息，能够用来对征信对象的信用状况进行量化评估。

从覆盖人群来看，传统征信覆盖人群主要是有信贷记录的人，而互联网征信能够覆盖到过去没有信贷记录的人，利用人们在互联网上产生的信息数据做出信用判断。

从运行模式来看，传统征信一般为事先采集数据信息，分类归档并在数据系统内加以贮存，在需要时进行提取，即“数据采集—数据贮存—数据应用”的模式。而互联网征信是在信息主体发起服务要求并确认授权之后才开始征信调查工作，用户在使用互联网征信服务时需要提交各种账户信息，征信公司负责完成信息的检索、过滤和有效整合，即“用户申请—数据采集—数据评估—数据应用”的模式。

从应用领域来看，传统征信主要应用于借贷领域，表现为对申请信用贷款的征信主体进行信用评估和还款能力预测。而互联网征信的应用场景则更加多元化，包括传统的信用借贷业务，以及租赁、预订酒店等各种生活化的履约场景。

信用，作为世界上最稀缺、最昂贵的资源，人类社会为它付出了高昂的成本。为了解决信任问题，规避道德风险，人们不得不将一笔交易拆分成多个环节，形成多个交易主体，从而大幅增加了交易成本。

征信体系建立的基础在于信用数据在可控条件下的充分分享及有效整合，利用没有分享的孤岛化信用数据很难构建出完善的征信体系。作为比特币底层技术的区块链技术，由于去中心化、分布式记账、不可篡改等特性，使得信任体系的重构成为可能。在区块链的新应用场景中，区块链构建了新的去中心和去信任化体系，形成了集体维护一个可靠数据库的技术方案，形成全民记账，即分布式记账。

3.4.1　区块链认证模式及其影响

区块链是用密码学方法产生的动态编程数据块链，本质是对数字世界中数据与代码的认证，使用某类区块链协议的数据或代码被赋予了共识性信任。区块链解决了数字化社会中数据与代码自身的可信任问题，从而抑制了大数据应用中数据处理成本快速上涨的趋势。区块链技术的应用使人们在拓荒大数据资源时，对数字矿产资源有了辨识标签。

由于解决了数字世界中的认证问题，区块链对客户信用的构建产生了颠覆性的冲击。类似于现实世界中商业银行等信用中介对个体经济事实的审核，基于区块链的数字事实审核成为信息时代信用构建的重要基石。

对于信用构建中的信息不对称问题，区块链技术重新定义了大数据资源的应用价值，信息社会中各类数据的生产具有了潜在的价值意义。扁平化的数据生成、传播与共享，有效地改善经济个体间的信息不对称问题；同时，通过区块链技术的数据授权模式，克服大数据应用中的隐私权问题，从而使得开源数据的透明化使用具备了法理与伦理基础。

通过对程序代码的认证，区块链技术可以将金融交易中对操作风险和信用风险的评估与决策有效融合在执行过程中，从而改变传统银行业对信用风险的管理与定价方式。

通过对数字事实的认证，区块链的去中心化、去信任、时间戳、非对称加密和智能合约等特征非常适应信息社会，为实现信用的共享式评估与可编程管理提供了技术保证。

传统上，由于基于规模化优势的银行业等金融中介信用评估模式具有覆盖范围小、数据片面、调整僵化等局限性，已经逐渐不适应信息社会的发展。网络信息社会的扁平化、共享式特征，使得信息社会的个体信用评估转变为基于技术与平台资源的分享式信用评估模式。区块链解决了数字世界中数字事实本身的信任问题，奠定了信息社会信用评估的技术基础，信息社会的个体信用权威中心面临重构。

因此，具有信息技术和平台优势的机构或组织纷纷进入信用评估市场，试图争夺信用评估的核心地位。银行业具有的传统实体与专业人员的规模化优势，在信息社会中开始弱化，这使得银行业信用评估面临迫切的转型需要。而拥有技术优势的科技公司以及拥有互联网客户平台资源优势的公司，都可能凭借其数据优势与平台资源切入征信业务，挑战银行业信用中介的核心地位。

信用是影响经济社会资源配置效率的重要因素。银行作为现代经济社会中最重要的金融中介，在社会信用体系中的经济功能主要表现为两个方面：第一，解决资金供给双方的信息不对称问题；第二，对金融交易中的信用风险进行控制并定价。

随着大数据时代的来临，快速增长的行为数据与以区块链为代表的数字信任技术的发展，为经济个体的信用评测提供了创新源泉，传统银行业信用评估模式面临严峻挑战，但也为其面向“互联网+”社会变革提供了转型契机。

3.4.2　银行业应用区块链技术的优势

银行业应用区块链技术存在以下四个方面的优势。

一是客户信用数据资源优势。银行业拥有庞大的金融客户群体，其客户群来自于社会的各行各业，几乎涵盖全社会的所有经济个体，使得其具备了巨大的客户信用数据资源优势。首先，个体银行账户数据是信用构建中最为重要的数据，含有直接的经济后果信息，即使在区块链大数据范畴下，银行账户数据仍是信用构建不可或缺的内容。这种专业领域数据使得银行业在信用构建中具有先天优势。其次，银行客户数据记录具有历史性，难以寻找替代资源，这通常是科技企业或新兴“互联网+”平台所无法追溯生成的数据资源。未来，以上述优势为基础，银行业可以对传统业务数据进行数据资源转化与保护，并逐步采用区块链技术对这些数据资源进行标签、认证，通过版权保护与主动授权管理，逐步形成“互联网+”社会下的信用数据资源供给中心。

二是监管门槛与成本优势。基于社会个体征信对经济影响的重要性，国家对其监管严格，这提高了该领域的准入门槛和成本，而银行业在相关业务准入与牌照管理上，由于传统经营业务因素，具有先天优势。

三是专业人才聚集优势。征信技术发展的跨领域与领域交叉正在成为趋势，但信用评估与管理仍具有极强的专业性要求，其专业特殊性是非专业人员难以完全掌握的，因为程序员对个体信用风险的理解与金融专业人员的理解是不一致的。银行业积聚和培育的大批信用评估专业性人才，是新入公司难以相比的。

四是机构信用优势。面临“互联网+”时代层出不穷的创新信用产品，老牌商业银行多年累积的信誉可减少客户顾虑，提高客户对创新产品的接受度和合作度。例如，花旗银行2015年发行的“花旗币”，首日上线后的兑换值就达7.32亿美元。

3.4.3 区块链技术对银行业信用评估模式转型的积极影响

区块链技术的应用对“互联网+”时代下的银行业信用评估模式转型将产生以下五个方面的积极影响。

一是可改善征信成本。通过区块链技术的应用，客户信用评估可使用的受信任数据突破了传统经济数据的范畴。在“互联网+”时代，区块链技术可无限地使用与分享信任数据。由于区块链技术可大幅度减低海量数据的噪声和虚假数据问题，使“互联网+”下的大数据收集、处理与使用变得更快捷，成本更低廉，从而大幅降低银行业客户征信的数据处理成本和自动化运维成本。

二是拓展信用评估覆盖范围，扩大客户群体。区块链技术可以方便地嵌入“互联网+”社会下微观经济个体的行动流程，从而覆盖传统人工收集信息无法到达的客户群体。可针对特殊群体（例如没有银行账户但能接触互联网的人群），展开信用评估，扩展信用产品的服务对象。

三是改善信用产品管理成本。区块链可以使信用评估、定价、交易与合约执行的全过程实现自动化运行与管理，从而降低人工与柜台等实体运营成本，并能大幅提高银行信用业务的处理规模。

四是提高信用创造能力。区块链下的可信任代码技术使信用产品的全过程都具有动态编程能力，从而极大地拓展了信用产品的创新空间。如“智能合约”模式对各种金融场景都具有极强的适应性。

五是可挖掘信用客户平台资源，拓展传统业务范畴。区块链使得银行业深度嵌入实体产业的运营过程，一方面提高了产业融合度，另一方面扩展了信用资源的可应用场景，提高了信用资源的利用效率。

3.5 区块链与增信

增信，顾名思义就是增加信用的意思。

以债券为例，债券是政府、金融机构、工商企业等向社会直接借债、筹措资金时，向投资者发行，承诺按一定利率支付利息并按约定条件偿还本金的债权债务凭证。它的发行、流动和定价主要依赖于发行主体的还本付息能力以及信用增进措施的保障能力。

债券发行主体可以通过第三方担保、抵质押担保、债券保险、债券信托、信用准备金等各种增信手段或措施提高自身信用等级，增进债券信用，降低债券违约率或减少违约损失率，从而降低债券持有人承担的违约风险和损失。通过增信，不但信用等级较低的企业可以得到融资，债券投资者也可获得多重保障。

增信也常用在银行贷款业务上。大企业由于自身信用等级较高，能够以较低利息拿到所需的贷款；而信用等级较低的中小企业，为了获得贷款或降低融资成本，往往需要引入优质企业或担保公司为其担保，以增加信用等级，这也是一种增信手段。

另一种增信常见于个人办理信用卡业务。目前国内部分银行已经开始在其信用卡业务中采取“以卡办卡”的办理方式：当客户在 A 银行办理信用卡时，如果可以提供其已有的 B 银行的信用卡信息，而且该客户在 B 银行拥有良好的信用记录，则可以大幅提高其在 A 银行的申请成功率，并且还会获得较高额度的授信。

目前，大多数互联网金融业务本质上仍是传统金融的电子化，信用创造的方式并没有改变。具体而言，在当前的商业模式和社会组织架构下，价值创造和交换活动都需要一个集中的制度体系（如政府信用背书）和机构体系（如银行、支付机构等）来建立信用，否则互不熟悉的交易主体之间就无法取得信任，交易更无从谈起。在现有条件下，由于技术识别能力本身的限制，对大众而言，仍然需要第三方机构或平台的技术识别来背书。

区块链技术为重构人类社会的生产和组织方式提供了可能性。区块链技术从根本上改变了中心化的信用创造方式，运用一套基于共识的数学算法，在机器之间建立“信任”网络，从而通过技术背书而非中心化信用机构来进行信用创造。简而言之，区块链技术是人类社会信用创造的一次革命，理论上，在技术识别能力足够的情况下，它能让交易双方在无须借助第三方信用中介的条件下开展经济活动，从而实现全球低成本的价值转移。

3.6 区块链与反洗钱

3.6.1 关于反洗钱

反洗钱（AML）是指为预防通过各种方式掩饰、隐瞒毒品犯罪、黑社会性质的组织犯罪、恐怖活动犯罪、走私犯罪、贪污贿赂犯罪、破坏金融管理秩序犯罪等犯罪所得及其收益的来源和性质的洗钱活动。常见的洗钱途径涉及银行、保险、证券、房地产等领域。

所谓洗钱，是指将严重犯罪的违法所得及其收益清洗为表面合法所得的行为。通俗来讲，就是将“黑钱”漂白清洗为“白钱”的犯罪行为。

现阶段，洗钱活动具有以下三个主要特性：一是预谋性。洗钱通常是有预谋、有计划的犯罪活动，犯罪分子精心策划各个洗钱环节，并且每一步都有明确的部署、目标和报酬。二是特定性。洗钱针对的特定资金或资产，绝大部分来源于各种犯罪所得，如走私、贩毒、偷税漏税、贪污贿赂及金融诈骗等。三是隐蔽性。为了变违法所得为表面合法所得，消灭犯罪线索和证据，洗钱活动的方式多种多样，洗钱活动趋于复杂化、隐蔽化。

目前，国内外洗钱活动呈现以下四个方面的发展趋势：一是严重性。洗钱活动逐步与上游犯罪相分离，与金融产品紧密结合，发展成为独立的犯罪行为，甚至为恐怖活动融资或提供资金来源，并对金融安全、经济安全、社会安全和国家安全构成严重威胁。二是专业性。利用计算机、网络金融、移动支付等高新技术，利用金融、财务、会计、律师、信托、典当、评估、拍卖等专业服务进行洗钱，诸如金融职员、律师、会计师、评估师、拍卖师等专业人群都可能参与洗钱过程，使现代洗钱活动更具专业化。三是复杂性。为了改变犯罪所得的原有形式，消除可能成为证据的痕迹，为犯罪所得营造假象，使犯罪所得与合法所得融为一体，犯罪分子设计的洗钱过程更为复杂化，以达到外表合法化的目的。四是多样性。洗钱活动出现多种多样的方式，日益呈现出多样化趋势，如利用进出口物流、投资贸易、对外经贸合作，借用金融服务，利用地下钱庄、空壳公司，伪造商业票据，使用网络电子产品、金融衍生工具，通过各种各样的中介机构等方式洗钱。

反洗钱是政府动用立法、司法力量，调动有关的组织和商业机构对可能的洗钱活动予以识别，对有关款项予以处置，对相关机构和人士予以惩罚，从而达到阻止犯罪活动目的的一项系统工程。

自《反洗钱法》颁布以来，中国的反洗钱工作从无到有，取得了长足的进展，但由于多方面的原因，也存在不少的问题和不足。为此，在不断完善《反洗钱法》的同时，要根据国内外形势和洗钱情况的变化，与时俱进地加强反洗钱工作。

区块链技术通过将账户及支付信息存储于区块链，可实现账户数据的标准化，从而改善数据质量，并减少被错划为“可疑”交易的数量。防篡改记录还能使了解客户及证明反洗钱监管合规情况的过程更为顺畅，提升反洗钱和客户身份验证（KYC）领域的合规监管效率。比如，德勤应用区块链在反洗钱和客户身份验证领域中颠覆了金融业现存的合规模式。

在反洗钱领域，基于区块链，各金融机构将各自收集和验证的客户信息数字化后，上传至区块链；同时，金融机构为交易中的实体提供电子身份证明信息，并将用户地址与其电子身份证明信息联系起来，任何交易的发生都需要经过该私钥和银行手中的公钥验证，并由用户地址进行，这就决定了区块链上数据的可追溯性。在这种模式下，各个金融机构在区块链上实现交易信息的共享，任一交易的任一环节都不会脱离监管的视线，“黑钱”将无法洗白，这将极大地增强反洗钱的力度。同时，通过在区块链上设置一定的规则与逻辑，区块链将自动验证交易和用户的合规性，不合规的交易及用户将被去除，整个金融企业的合规程度将得到提高。

在客户身份验证领域，金融机构同样可以通过区块链共享交易实体的信息，这将减少大量的重复性工作，也为各家机构节省大量合规成本。同时，这将为金融机构在挖掘潜在业务机会、识别隐藏的风险等方面提供很大帮助。

3.6.2 区块链是守法者的乐园

区块链技术已经在比特币运营过程中得到充分体现。全流程的每个区块或环节持续性、封闭性、客观性地记录客观事实，并可反复地以逻辑来印证、追踪与校验，据此确保过往的事实近乎真实，以提升交易信息和交易过程的安全性、客观性、真实性。

同时，区块链技术也提高了透明度和可追溯性，确保交易过程的阳光、透明和近乎客观。这对于反洗钱、防欺诈、防诈骗与透明监管也有极大的便利。记录的客观性、全面性、持续性恰巧是区块链技术最大的功能与作用。

对于始终坚持诚信、真实、透明与合法的金融交易者而言，区块链也许稍显多余。但对于具有匿名、借名、假名、异名、代名等非真实的、不具有征信合规性的潜在违规交易，区块链技术可以发挥巨大的作用。因此，从本质上来说，区块链技术保护的是合法、诚信、真实，防范的则是非法、违规与欺诈。

3.7 客户身份验证

在这里，以个人征信系统为例进行阐述说明。

个人征信系统主要为消费信贷机构提供个人信用分析产品。随着客户需求的提高，个人征信系统的数据已不再局限于信用记录等传统运营范畴，其业务重点逐渐侧重于社会综合数据服务领域。个人征信系统包含广泛且精确的消费者信息，能够帮助企业跨越客户信息量不足的瓶颈限制，从而使企业得以开展精准的市场营销活动，帮助企业以最有效、最经济的方式接触到自己的目标客户，具有极高的市场价值；同时，个人征信系统的应用也逐渐扩展到直销和零售等领域。在美国，个人征信机构三分之一的利润来自直销或数据库营销，个人征信系统已被广泛运用到企业的营销活动中。

3.7.1　大数据对客户信用构建的影响

以银行业为例，银行在客户信用构建时，传统方式是通过实体机构对经济社会的渗透与接触，人工收集客户的各种相关信息，并通过中心化系统处理数据，以完成客户信用评估，这就是以社会分工的组织形式解决金融市场中的信息不对称和信用风险管理问题。这种传统模式的核心是通过规模化运营降低个体信用评估的边界成本，从而实现专业化信用中介的经济功能。

中心化集中处理的模式容易受到信息收集成本的限制。因此，银行业评估客户信用时采用的数据通常较为单一，以结构化的经济数据为主，效率较低；同时，该信用评估体系主要聚焦于正态用户，缺乏对长尾用户的关注。

近年来，由于数据成本的大幅度降低以及个体生活的数字化趋势，不同于传统银行业主要依赖的经济性数据，涉及个体社会生活各层面的事实性数据都可以成为信用评估的依据，如线上消费与交易记录、交通地理轨迹、通信数据、网络社区记录等，原先未纳入银行业客户数据的信息，开始受到征信评估的广泛重视。

传统银行业主要依赖于个体接触（即线下面谈）来实现信息的有效收集，与之相比，大数据征信具有明显的成本优势。大数据突破了基本经济数据的范畴，扩大了行为数据的来源，从而为改善信息不对称提供了新的资源。在信用风险定价上，大数据模式下的个体数据具有易得性和广泛性，具备成本优势和信息基础，便于扩展覆盖到长尾客户的服务；并且，不同于调查和实验数据的是，通过大数据模式所获得的人类行为与观点数字化所产生的数据，本质上是田野观察数据，这在一定程度上摆脱了数据生成中的主观因素。银行业在客户信用评估中引入大数据已成为必然。

由于数据来源的差异，信息化时代的海量数据存在着大量虚假、欺诈等噪声数据，此类噪声数据对大数据的应用将产生严重干扰。信息泛滥、数据可操纵使得数据本身面临严峻的信任问题。数据清洗与鉴别为大数据应用带来了额外的成本，数据本身的信任问题、数据的无序生产等问题已经成为大数据征信中的重要阻碍。

3.7.2 区块链与信息认证

以目前发展迅速的短租行业为例，该行业本质上属于分享经济领域：拥有闲置房屋的业主可以通过互联网平台（Airbnb、蚂蚁短租等）进行招租，且以短租为主；旅游者或差旅人士可以通过相应的平台选择中意的房屋，在获得房主的认可后，就可以在约定的时间入住房屋。与传统的酒店相比，主打民宿的短租房能够提供更加优惠的价格，同时入住人还可以充分感受当地的风土人情；而房屋的所有者通过该方式，在结交天下朋友的同时，还可以获得不错的租金收入，可谓一举多得。

在以短租为代表的分享经济领域，面临的最大挑战就是信任问题，即平台的交易双方在租赁行为发生之前，相互之间并不认识，更谈不上基本的信任。为了解决该问题，多数平台纷纷引入身份信息认证模式，以此来保证交易双方能够在诚实、互信的条件下安心地进行房屋的短期租赁交易。以Airbnb为例，其平台客户需要提供护照等身份信息，房客和房东通过关联他们的社交网络和扫描官方身份证件等方式来完成身份验证。目前，客户在Airbnb移动客户端通过关联自己的芝麻信用，就可以完成其账号信息的认证，大幅简化了验证流程。

另一个例子是国内的房屋租赁信息平台“107间”。该平台针对房屋租赁市场严重的信息不对称状况，搭建了“房东—房客”的无中介直租平台，以实现零中介费的目标，从而使房东与租客都获得实惠。平台通过“机器自动过滤+人工审核”的方式，杜绝虚假信息的发布，其对于客户的身份认证则通过企业邮箱验证的方式进行。因为真正的租客多数会在正规的企业就职，而正规的企业基本都有自己的企业邮箱，几乎每个在职员工都会有已经激活的个人企业邮箱。通过验证客户的企业邮箱，就可以达到将中介机构人员屏蔽在外的目的。

针对自己的业务重点，不同的经营主体都会推出独特的客户信息认证模式。由于各经营主体之间信息认证的标准与口径并不一致，从而造成个体在不同的平台注册时需要填写不同的身份认证信息，在客观上推高了信息认证的时间与经济成本。

征信体系的缺失直接影响到我国各种经济活动成本。在我国，政府对区块链技术的应用，最推崇的说法就是借此解决困扰已久的征信问题。国内征信面临的最大问题是个人数据不足。区块链技术并不能解决源头信息不足或虚假数据的问题，然而，作为一种不可篡改的记账技术，其应用前景十分广阔。例如，在区块链上录入一个人的身份证号、银行信用和各大电商网站的交易记录等信息后，这些数据将伴随一生，在任何应用场景中都可以直接调用，而最关键的是，这些数据不会被篡改。

以房产的买卖及公证为例，人们在买房时，烦琐的过户流程经常会耗费买卖双方大量的时间和精力，其根源在于传统人工记录的效率很低。在传统的公证领域，区块链可以发挥重要作用，在购房者与卖房者以及屋主与政府之间建立信任机制。例如，可以利用区块链保存房地产所有权信息，这只需购房者在线确认，就可以获得房屋的所有权。

来看一个国外的案例：洪都拉斯一位老人被告知自己住了 30 年的房屋不属于自己，原因是国家财产局的记录显示，该房子为另一人所有。老人出具了土地凭证，但法院仍以国家财产局的记录为准则，判决将房屋拆除。在老人的房屋被拆除后，法院经复核发现财产局的记录有误，房屋确实属于该老人所有。因为记录错误而导致的类似的不公正与财产损失，几乎每天都在世界各地发生。

以此案为契机，洪都拉斯开始与美国创业公司 Factom 合作，尝试用区块链技术进行土地登记，防止再次出现因个人房屋证明与政府资料不符而导致的屋主被驱逐事件。也就是说，任何追根溯源的追查，都可以通过区块链来解决。除了房地产，包括学历、钻石、宝石等公证，也可以依附在区块链技术上。

在目前的商业实践中，银行的客户征信及法律合规的成本不断增加。过去几年，各国商业银行为了满足日趋严格的监管要求，不断投入资源，加强信用审核及客户征信，以提升反欺诈、反洗钱及抵御因复杂金融衍生品过度交易而导致的系统性风险的成效。

2014年，瑞士联合银行（UBS）为了应对新的监管要求，增加了约10亿美元的支出。汇丰集团在2013~2015年间，法律合规部门的员工人数从2000多名增至7000多名。为提高交易的安全性及符合法规要求，银行投入了相当的金钱与人力，已经成为极大的成本负担。

记载于区块链中的客户信息与交易记录有助于银行识别异常交易，并有效防止欺诈。区块链的技术特性可以改变现有的征信体系，在银行进行客户身份验证时，将有不良记录的客户的数据储存在区块链中。

客户信息及交易记录不仅可以随时更新，同时，在客户信息保护法规的框架下，如果能实现客户信息和交易记录的自动化加密关联共享，银行之间还能省去许多客户身份验证的重复工作。银行也可以通过分析和监测在共享的分布式账本内的客户交易行为的异常状态，及时发现并消除欺诈行为。

3.8 区块链与反欺诈

以保险业为例，来说明区块链在反欺诈领域的应用前景。

目前，我国的保险业信用体系存在以下三个方面的问题。

一是保险信息透明度不高。目前，我国保险业信息化建设处于起步阶段，统一的保险数据传递、分析通用平台和网络尚在建设中。保险公司的信息披露力度不够，信息不对称的现象仍然比较严重，信息失真现象较为普遍，保险公司缺乏信用记录报告机制，投保人难以考察保险人的信用资料，代理人对投保人的信用状况缺乏有效信息来源，保险公司和投保人之间的信息不对称，助长了误导和欺诈行为。

二是信用记录系统平台建设滞后。目前，保险业缺乏全行业范围内的各环节信息共享和整合，信用记录信息不全面，不能有效形成合力以惩戒失信行为。各保险公司的客户管理水平不一致，多数公司忽略客户信用管理。保险公司无法共享承保信息，不能形成行业统一的反保险欺诈机制，客户信用体系建设还处在起步阶段，保险欺诈行为不能得到有效预防。全国统一的保险信用记录系统平台亟待建立。

三是诚信文化的基础薄弱。行业文化的变化与改善是一个长期过程，保险业诚信文化的基础比较薄弱。部分营销员在展业宣传时，有随意夸大保障范围现象。部分公司在服务质量上存在落实不到位的现象。保险公司对损害信用的事件的处理，缺乏比较规范的制度和措施，对典型案例的处理不够及时和严谨。

保险业面临严重的信息不对称风险，投保人和保险公司均有可能欺骗对方。根据保险公司和投保人的道德情况，可以简单地将保险公司分为真保险公司和伪保险公司，将投保人分为真投保人与伪投保人。真保险公司和真投保人的交易是真实的正常交易，不涉及道德风险；在真保险公司与伪投保人的交易中，伪保险人可能隐瞒自己的真实情况，欺骗保险公司以获得暴利；在伪保险公司与真投保人的交易中，伪保险公司可能骗取真投保人的保险资金后卷款逃跑；在伪保险公司与伪投保人的交易中，双方都带着欺骗对方的目的，伪投保人为获得赔付投保，伪保险公司骗取伪保险人的保险资金。以上表明，保险公司可以欺骗真实或虚伪的投保人；虚伪的投保人可以攻击真实的保险公司。保险公司或投保人均可能欺骗对方，使对方遭受财产损失，以达到自己获利的目的。

要建立保险行业中的公信力，需要三个主体——政府、大众（投保人）与保险公司协力完成。

区块链可以建立一个分布式的公信力平台，以规范投保人和保险公司之间的关系。除了投保人和保险公司的关系之外，区块链还建立了各主体之间更多的交互关系。政府和保险公司是监管与被监管的关系，政府可以为保险公司制定保险政策。对保险公司而言，所有保险公司必须在政府提供的区块链上进行注册，一旦保险公司收取了保险金，就必须遵守政府的保险政策，并确保有足够的资金来赔偿。这可以确保保险公司遵守和执行政府政策，同时，政府可以监测保险公司的现状。普通大众与保险公司也存在监督与被监督的关系。大众可以验证区块链中的保险公司注册信息的合法性，并举报任何伪保险公司。例如，保险市场的参与者可以很容易地识别一个真保险公司的假销售代理，或一个伪保险公司的假销售代理，这确保大众可以验证保险公司，伪保险公司就无法存在，同时也为保险公司及其销售代理的真实性提供了保证。保险公司与保险公司之间存在合作的关系。多家保险公司可以联合起来，建立一个闭环生态系统，使得保险公司之间相互监督。这使得众多保险公司可以及时地发现某家公司财务上的问题，并向大众有效披露，确保了健康的保险产业生态。

在金融领域中，人们通常会引入第三方作为认证人，例如政府、托管人以及保险公司等。第三方通常提供以下四种服务：一是验证所交易物品的存在和合法性；二是防止重复交易，即对同一物品进行二次交易，或者“重复支付”；三是作为代理人进行交易；四是记录交易，特别是有争议的事件的交易。

区块链将取代可信任的第三方，主要有四个原因：一是区块链可以验证交易物品的存在和合法性，因为数据无法被更改或消除；二是区块链可以防止出现重复交易；三是区块链可以记录当事人信息，并且数据无法被更改或消除；四是区块链可以记录交易信息，并且数据无法被更改或消除。

区块链技术将改变保险公司在社会上的角色和功能。例如，通过分布式微型保险解决方案，人们可以获得价格合理、质量相当的保险产品；或者通过扩展保险产品，为之前被排除在外的人群提供足够的身份管理和信息管理功能。传统保险行业能通过区块链智能合约使某些产品变得自动化。随着时间的推移，区块链技术也将进一步扩大保险市场规模。

区块链技术在保险业的应用或许会从数字身份系统和个人数据管理开始，进而向存储数据、认证历史数据以及智能合约等方面深化。继续发展下去的话，区块链将支持为收集、评估和管理那些数据而形成的第三方机构或网站进行更高级的、定制化的保险产品分析，并提供解决方案。

大数据技术的发展使得个体及社会被极大地数字化。一旦解决了数据的存储、处理及传输这三个问题，保险业的信息不对称、不确定性、风险预测等一系列的难题都会被改写。算法时代下的保险公司从原有的预测风险转向预知风险，保险的定价也会逐渐从前定价走向后定价或者中定价。

区块链技术因其去中心化、时间戳记账等特点，在保护了信息隐私的同时，还有效解决了保险业的逆选择和道德风险问题，为互联网金融创新带来了曙光。区块链时代带来的另一个概念就是智能合约。智能合约不是区块链技术本身，但它与区块链相伴相生，解决了基于规则自动执行的问题，减少了道德风险。

区块链未来的应用将涉及社会的方方面面，但最先应用的是保险领域。因为区块链与保险有很多基因上的联系：首先，区块链可以使我们原有的互联网从一个信息网络走向一个价值网络；其次，区块链可以建立前后一体化的信任体系，使得未来保险回归互助，回归相互保险；最后，区块链信息透明的特点满足了人们的知情权和选择权。

区块链技术创新还有很多复杂的问题需要注意。比如：第一，区块链还是一个发展中的技术，外因和内涵都在丰富的过程中；第二，虽然区块链的结构很丰满，但落地并非易事，要把区块链与其他技术嫁接在一起，各取所长；第三，应当务实地推进相关工作。对于相互保险而言，区块链技术最大的好处就是资金流向相对比较透明，且可以保障用户的信息安全。由于公有链上的网络互助不依赖于某一中心服务器是否在线，可以保证服务器从不宕机。而如果能建立通行标准，统一运用区块链技术，就可以更好地利用大数据的手段来预测风险的发生，包括预先设计保险。区块链技术除了能够缩减交易成本及有效地防止欺诈和逆选择，保险业还可以用其重塑行业信用，使得保险回归保障。

3.9 区块链与慈善

2016年9月1日正式实施的新版《慈善法》明确要求慈善组织必须公开账目信息，且必须在指定平台发布募捐信息。

在慈善领域，如果将捐款通过区块链技术进行追踪，那么捐款人就可以实时掌握所捐善款的具体流向。这在客观上能够帮助公益组织获得外界信任，使有意愿的捐款人打消顾虑，红十字会也能够避免重蹈“郭美美事件”而引起的公众信任危机。

3.9.1 以区块链为基础架构的公益账本

对于捐献者而言，其关注的核心点在于所捐善款最终能否足额到达受助人手中。目前的实际情况为：善款流转过程中涉及环节众多，信息公开化程度较低，捐赠者无法掌握自己所捐善款的明确去向。因此，现行的慈善制度较难获得民众真正的信任。

2016年8月，蚂蚁金服在支付宝爱心捐赠平台发起了以区块链技术为设计架构的慈善募集项目：捐款人捐出善款后，就可以在“爱心传递记录”中看到自己所捐善款变成的一个包裹。从捐款人开始，经过每个“邮寄”节点都会被盖上“邮戳”，每个“邮戳”可供捐献者公开查询（信息包括资金、物流信息等），捐款人能够实时跟踪自己所捐善款的具体流向，直至善款进入受助人指定的账户。

这是国内首次公开将区块链技术应用于慈善领域。区块链本质上是不可篡改的数字账簿，其公开、透明等特性与公益有着天然的契合度。蚂蚁金服推出的区块链应用使捐款人的善款在进入系统后，所有的流转信息都被自动记录在区块链上，从而形成完整的闭环。基于所有节点的共识性原则，在每一个节点，信息实时同步，且为多方记账，任何机构或个人都无法更改数据。

现阶段，区块链技术在慈善领域的应用主要集中在保证资金流转过程中的公开透明，防止平台挪用资金。当发起方是基金会时，区块链技术能够帮助基金会就资金的使用情况向全体捐款人进行有效的公示。

3.9.2 区块链在慈善领域面临的壁垒

传统的慈善运营模式为：基金会运作具体的慈善项目并管理资金，定期向捐赠人公布善款账目信息。相比传统的运营模式，以区块链技术为设计架构，推动捐赠人与受助者之间建立信任关系，构建直接捐助模式，更能体现公益的本质。公益是单方面的给予，不是交易行为，因此，对于区块链在公益领域的应用，必须仔细探讨可操作性，而不是跟风炒作概念。

区块链技术本身要解决的是信息对称的问题，其在国内慈善领域的应用推广，阻力主要来源于两个方面：一是国内公益组织的盈利模式主要来源于信息的不对称，而大规模应用区块链技术将会阻断其主要的盈利点，因此客观上存在较大的阻力；二是目前高新技术的更新升级成本较高，多数组织缺乏推进动力，因此推广阻力较大。

区块链的应用难点在于如何打通各个节点，只要任意一环没在链路上，这条链路就是不完整、不可控的。在一条完整的慈善区块链上，应当包括医院、保险、银行、支付等各类节点机构，通过上传各节点机构拥有的客户身份证明、就医记录、账户信息等，从而使捐助人可以全面掌握捐助环节中的资料信息，做到真正的信息对称。

整条区块链上的节点是由区块链上每个节点来共同维护的，其中任何一个环节一旦存在造假行为，即便该节点可以破坏自己的服务器，也无法改变其他节点上的数据记录。因此，区块链构建的系统就是一个不断自我净化的生态体系。

区块链技术无法确保节点机构上传的数字信息都是真实可信的，但随着共享到这些信息节点的数据不断增加，真伪的辨识度也将不断提高。一旦被纠错和打假，这些信息将被永久保留，因此每个节点都必须为自己的未来"背书"。

第 4 章　金融智能时代

4.1　智能合约

4.1.1　智能合约的定义

1. 理念的起源

“智能合约”这一理念最早可以追溯到 1994 年，密码学家尼克·萨博在其论文《智能合约》中首次提出了这一概念。他将智能合约定义为“一套以数字形式定义的承诺，包括合约参与方可以在上面执行这些承诺的协议”。在他看来，自动售货机是智能合约的始祖。

萨博的设想是运用智能合约，通过数字的方法控制任何有价值的资产。然而，受限于当时的技术背景（比如，没有能够支持可编程交易的数字金融系统)，他设计的去中心化货币“比特金”最终还是失败了。不可否认，这在当时是一个前卫的理念，而随着时代技术的发展与进步，智能合约的概念在不断演变。

2. 概念的演变

区块链技术和比特币的出现和使用，使智能合约出现了不同的定义。有人将智能合约定义为“自主机器”“区块链上的合约”或“区块链上的任何计算”，这些定义虽然简洁，但描述稍显片面。

“自主机器”的说法仅强调“智能”特性，突出智能合约可以自动执行、自主运行、无人能干预，但忽略了它的“合约”特性，在签署完智能合约后，它也应该具有法律效力，对当事人的权利和义务具有约束作用。“区块链上的合约”这种说法也显得狭隘，它将对智能合约的讨论局限在我们“这个时代”。智能合约的出现早于区块链，即使是区块链的出现使智能合约成为可能，也不能断定未来就不会发展出比区块链更适合智能合约的技术。脱离了区块链，智能合约的理念依然存在。此外，并非所有在区块链上的合约都是智能合约，你可以将一份普通的协议放到区块链上进行保存、证明，这样的一份协议并没有“智能”特性、不会自动执行，但它依然是“区块链上的合约”。既然智能合约不一定要跟区块链捆绑在一起，说它是“区块链上的任何计算”也不准确。

还有人提出智能合约是指用计算机语言而非法律语言记录在区块链上的合约，当合约条件被触及的时候合约就会通过计算系统自动执行，无须第三方介入。如果合约标的已经在区块链上，资产则会自动转入对方名下，所有交易都会记录在区块链上；如果合约标的在区块链下（比如公寓），账目上的变动也会记录在链。智能合约被期待用于降低整个交易过程的成本，可应用在包括贷款、财产传承、资本市场等领域。这个定义显示了智能合约“智能”和“合约”的特点，但它仍然将合约局限在区块链上。

巴克莱银行在前人讨论的基础上，对智能合约提出了新的定义。巴克莱银行在2016年8月的报告中将智能合约定义为“自动、强制执行的协议”。自动化和强制性是智能合约最突出的两大特点：自动化通过计算机实现，尽管在这过程中可能需要部分人工操作，比如编写代码等，但整个合约的运行主要还是自动实现；强制性则体现智能合约的法律合约属性，其通过法律属性和防篡改特性来保障强制性。巴克莱银行对智能合约的定义简洁明了，并抓住了智能合约的主要特点。

3. 基于区块链的智能合约本质的争论

关于智能合约本质的争论，均是不同术语的抗衡。一类观点认为智能合约是在区块链上存储、验证和执行的代码，即“智能合约代码”；另一类观点则认为智能合约是区块链上执行代码的特定应用——法律合同的补充、替代物，即“智能法律合同”。

（1）智能合约代码

尽管最初的区块链是用于一些简单程序——主要是代币的交易，技术的进步已经使它可以实施更复杂的交易，识别完善的编程语言。对开发员等直接与区块链技术相关的人来说，智能合约的概念常常指区块链代码。现在智能合约概念一般被区块链社区用来指代区块链上存储和执行的复杂程序。把这些程序称为“合约”的意义在于这个代码运行着重要或有价值的东西。我们只有在条款可执行性很重要的时候才会选择订立合约的辛苦工作。同样，我们只有在代码关乎钱、身份等重要东西的时候才会用智能合约代码。很多情况下，智能合约代码都不是孤立存在的，而是作为某个更大应用的一部分。每个去中心化应用、THE DAO 或其他基于区块链的应用都是用智能合约代码搭建的，然后在自己选择的区块链上运行。

然而，这个术语受到了很多合理的批评。批评者认为，用“合约”来指代本身就是一种误导，因为这只看到了单一的用例，没能抓住区块链程序的核心功能——它们有独立的体系结构。智能合约程序本身可以存储加密货币余额，甚至控制其他智能合约程序。在其生成之后，只要收到执行命令就可以自主运行，因此很多人将它称为“智能代理”——类似于一般的软件代理概念。随着区块链技术的日趋成熟，这个术语会慢慢从人们视野中淡去。

（2）智能法律合同

该观点认为，智能法律合同利用区块链技术补充或代替现有法律合同，是智能合约代码和传统法律语言的整合。例如，商品供应商和零售商达成智能法律合同，支付条款可以用代码来定义和自动执行。零售商可能会坚持加入赔偿条款，供应商必须保证赔偿次品损失。但是，这个条款不可能用代码表述，因为它无法自动执行。在诉讼情况下，需要法院去解释和执行。商业协议中的很多样板条款能够保证双方不用负担各种边缘责任，但这些不一定适用于代码的表述和执行。

因此，智能法律合同同时需要代码和自然语言。这是 Eris Industries 双集成系统、Primaverade Fillipi 加密账本交易法律框架和 R3 智能合约系统 Corda 的基本思路。然而，很多区块链倡导者看到了更多可能性，而不仅仅是模仿或完善现有合同。智能合约代码可以用于不同的商业活动，由此出现了智能合约的第三个定义——智能替代合约，即用智能合约代码创建有商业价值的全新合同形式。

（3）智能替代合约

智能替代合约的着眼点是更广泛的现实世界问题。在有风险的商业贸易中，强大法律系统中的合同是用来表述各方激励机制的主要形式。但是，法律合同并不是普遍问题的唯一解决方案，智能合约代码提供表述和执行条款的新工具，可以用来创建新的激励系统，搭建足够的商业关系。

智能设备不断增长的环境终究会需要新的商业互动方式。比如今后可能会出现能够自动购买清洁剂的洗碗机或者自动支付加油费的汽车，以及在计算机、汽车、手机等设备之间完成的其他交易。这些交易需要最低限度的信任才可以支持商业行为，但是都不适用于法律合同，因为其频次很多，成本很高，还需要公司或人这种法律代表的参与。智能替代合约也许可以进一步扩大信任网络，超越法律系统的范畴，带来现在还不能实现的商业模式。

综上所述，智能合约是以数字形式定义的合约以及保障机制，用计算机可识别的代码语言记录合约，确定参与者的权利义务关系。这些合约在条件满足的时候通过计算机系统自动强制执行，无须人工操作。执行智能合约的“协议”的工作原理类似于其他计算机程序的 if-then 语句，不同的是，智能合约只是以这种方式与真实世界的资产进行交互。

4.1.2 基于区块链的智能合约的构建与运行

1. 智能合约构建三步骤

第一步，多方用户共同参与制定一份智能合约。首先，用户必须在区块链上成功注册，收到区块链返回的一对公钥和私钥。公钥作为用户在区块链上的账户地址，私钥作为操作该账户的唯一钥匙。其次，两个及两个以上用户根据需要共同商定一份承诺。承诺包含各参与方的权利和义务，这些权利和义务以电子化的方式被编程为机器语言。参与者分别用各自的私钥进行签名，以确保合约的有效性。最后，签名后的智能合约将会根据其中的承诺内容，被传入区块链网络中。

第二步，合约通过点对点网络扩散并存入区块链。首先，合约通过点对点的方式在区块链全网中扩散，每个节点都会收到一份副本。区块链中的验证节点会将收到的合约先保存到内存中，等待新一轮的共识时间出现，触发对该份合约的共识和处理。其次，共识时间一到，验证节点会把最近一段时间内保存的所有合约一起打包成一个合约集合，并算出这个合约集合的哈希值，后将这个合约集合的哈希值组装成一个区块结构，扩散到全网。其他验证节点收到这个区块结构后，会把里面包含的合约集合的哈希值取出来，与自己保存的合约集合进行比较，同时给其他的验证节点发送一份自己认可的合约集合。通过这种多轮的发送和比较，所有的验证节点最终在规定的时间内对最新的合约集合达成一致。最后，最新达成的合约集合会以区块的形式扩散到全网，每个区块包含以下信息：当前区块的哈希值、前一区块的哈希值、达成共识时的时间戳以及其他描述信息。同时，区块链最重要的信息是带有一组已经达成共识的合约集，收到合约集的节点都会对每条合约进行验证，验证通过的合约才会最终被写入区块链中，验证的内容主要是合约参与者的私钥签名是否与账户匹配。合约区块链的示意图见图 4-1。

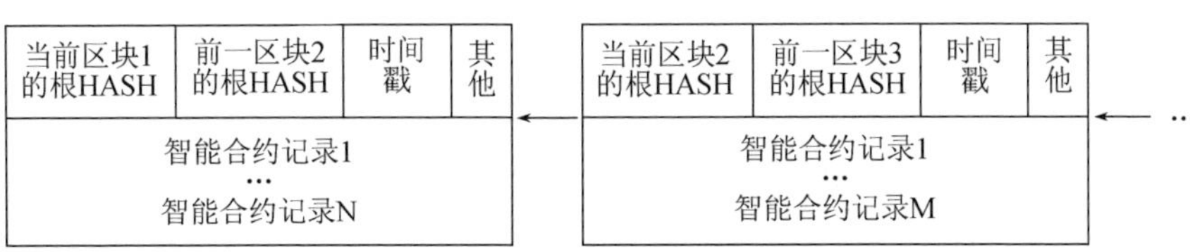

图 4-1　合约区块链示意图

第三步，区块链构建的智能合约自动执行。首先，智能合约会定期检查自动机（Automata Machine）状态，逐条遍历每个合约内包含的状态机（State Machine）、事务以及触发条件，将满足条件的事务推送到待验证的队列中等待共识，而未满足触发条件的事务将继续存放在区块链上。其次，进入最新一轮验证的事务会扩散到每一个验证节点，与普通区块链交易或事务一样，验证节点首先进行签名验证，确保事务的有效性。验证通过的事务会进入待共识集合，等大多数验证节点达成共识后，事务会成功执行并通知用户。最后，事务执行成功后，智能合约自带的状态机会判断所属合约的状态，当合约包括的所有事务都按顺序执行完后，状态机会将合约的状态标记为“完成”，并从最新的区块中移除该合约。反之，则将其标记为“进行中”，继续保存在最新的区块中等待下一轮处理，直到处理完毕。整个事务和状态的处理都由区块链底层内置的智能合约系统自动完成，全程透明、不可篡改。

智能合约（一段代码）被部署在分享的、复制的账本上，它可以维持自己的状态，控制自己的资产并对接收到的外界信息或者资产进行回应。智能合约模型是运行在可复制、共享的账本上的计算机程序，可以处理信息，接收、储存和发送价值，见图 4-2。

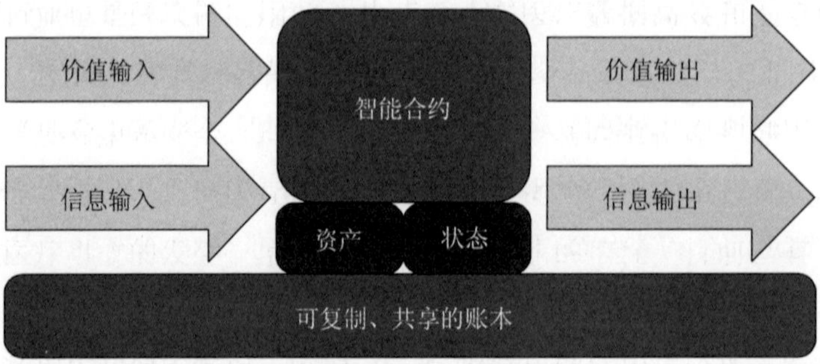

图 4-2 智能合约模型

2. 智能合约“合同制度”中的重要概念

合约主体：拥有数字身份的甲方和乙方。

合约条款：构建代码规定的甲乙双方的权益和义务。传统合同还兼容法律规定的内容，但智能合约不接受现行法律的约束，完全由代码详尽定义，除非智能合约被推翻。

仲裁平台：智能合约是在某个平台（如以太坊、根链等）上由合约主体去安装，然后代码自动判断执行合约的所有条款。判决过程不需要其他机构代理。

执法对象：合约里约定的数字资产或智能财产。

3. 智能合约的四大核心概念

数字身份：如何将人类的行为活动映射进代码里，这是智能合约到目前为止最让人困惑的部分。在现行的经济活动过程中，国家通过法律手段建立全民身份信息体系，又通过《物权法》《知识产权法》等约定了财产和自然人之间的权益关系。在智能合约里，先要构建数字身份认证服务，比如使用指纹等特有特征信息去构建，之后才可以构建合约主体。

数字资产和智能财产：现行的经济活动中某项权益和资产归谁所有是有明确的占有方式的：或放在家里，或登记在某个政府机构或其他机构里。智能合约想要去除这些中心化的登记机构，就要想办法让合约里的权益和资产数字化，或者至少拥有数字身份，并且这个数字身份能够影响资产的使用。智能财产可以通过将智能合约嵌入到某些硬件和软件来构建，比如在一辆汽车中嵌入数字身份启动的装置，就可以将其构建为智能财产。有了数字身份和资产数字化，就可以构建两者的映射关系，也就可以使用数字身份去锁定数字化的资产，然后才可以使用代码的形式来执法。

合约仲裁平台：以太坊编写了一个图灵完备、完全无须第三方信任的代码让用户来构建智能合约，而根链则是需要一个50%信任制的仲裁联邦，这个仲裁无须人工操作，而是依靠代码来自动执行。这个仲裁平台担任的职责是“发现”智能合约，或者说参与合约的双方在这个平台上安装合约，交付或者托管给仲裁平台来执行合约。这个仲裁平台的概念和我们现行的经济活动里的法庭类似。

数字资产托管所：在根链和以太坊上都有这些机构。根链使用一种叫“双向锚定”的机制将比特币锁定在某个公钥里，就是将比特币区块链当成了数字资产（即比特币）托管所。而智能合约里面的其他数字资产和智能财产都需要某种代码或某种区块链来保管。数字资产托管所就和我们现行经济活动的房管所等类似。

4. 智能合约的运行机制

基于区块链的智能合约包括事务处理和保存的机制以及一个完备的状态机，用于接受和处理各种智能合约，并且事务的保存和状态处理都在区块链上完成。事务主要包含需要发送的数据，而事件则是对这些数据的描述信息。事务及事件信息传入智能合约后，合约资源集合中的资源状态会被更新，进而触发智能合约进行状态机判断。如果自动状态机中某个或某几个动作的触发条件被满足，则由状态机根据预设信息选择合约动作来自动执行。

整个智能合约系统的核心在于一组事务和事件经过智能合约模块的处理后仍是一组事务和事件。智能合约只是一个事务处理模块和状态机构成的系统，它不会产生智能合约，也不会修改智能合约。它的存在只是为了让一组复杂的、带有触发条件的数字化承诺能够按照参与者的意志正确执行。

5. 智能合约实现的技术要求

智能合约看上去就是一段计算机执行程序，满足条件即可准确自动执行。那么为什么用传统的技术很难实现，而需要区块链等新技术呢？

传统技术即使通过软件限制、性能优化等方法，也无法同时实现区块链的以下两大特性：第一，数据无法删除、修改，只能新增，保证了历史的可追溯性，同时使作恶的成本提高，因为作恶行为将被永远记录；第二，去中心化，避免了中心化因素的影响。

对于智能合约来说，其实现需要满足以下条件：首先，智能合约的实现需要一个支持可编程合约的系统，也就是尼克·萨博所说的“执行这些承诺的协议”，为合约参与方提供载体。其次，合约的标的物要能够数字化。数字化是实现合约“智能”的前提。最后，要保证合约的顺利执行。传统合约有法律、执法机关的保证实施，智能合约也需要保证实施的机制。如同尼克·萨博所提到的，自动售货机既是合约执行的载体，又能保证合约双方履行合约，因此尼克·萨博才将其称为“智能合约的原始祖先”。

4.1.3 以太坊

1. 定义

以太坊是一个全新的区块链平台，它允许任何人在平台中建立和使用通过区块链技术运行的多中心化应用。有人将以太坊看成一种全新的法律。传统的合同合约依据法律订立，由国家强制力（主要是司法机关）保证实施。但现行的法律或合约都是由语句构成的，而语句则不可避免地会出现歧义，而且法律或合约强制执行的成本很高。以太坊解决了这一系列问题，合约通过程序订立、执行，人工无法干预。

2. 架构

以太坊是一个平台和役中编程语言，包括数字货币以太币（Ether）和以太脚本（Ether Script），用来构建和发布分布式应用。以太坊是一个用来实现图灵完备虚拟机的基础性的、开放的通用数字货币平台，可以运用任何货币、协议和区块链。

以太坊有自己的分布式系统，包括文件服务系统 Swarm、信息传输系统 Whisper 和信用担保系统。Swarm 是一个去中心化的文件服务系统；Whisper 是一个加密通信传输系统；信用担保则提供了一个在去信任网络中建立信用和降低发现的系统，可以由 Crypto Schwartz 和 Trust Davis 等第三方提供。

3. 特性

以太坊具备开放、通用的特性，网络的每一个节点都可以通过运行以太坊虚拟机来发布分布式智能合约程序。以太坊的智能合约能够调用多个其他区块链、协议和货币。作为与底层区块链和协议无关的通用分布式运用开发平台，以太坊具备了成为一个平台级产品的条件。

以太坊系统自身带有一种叫作以太币的数字货币。就像比特币一样，以太币不受任何人控制，也不归任何人所有——它是由全球范围内的很多人共同创建的。以太币也具有数字货币的几大特点：无法伪造、可以自由流通。和比特币协议有所不同的是，以太坊协议的设计十分灵活，极具适应性。

在以太坊平台上创立新的应用十分简便，随着 Homestead 的发布，任何人都可以安全地使用该平台上的应用。以太坊除以太币之外的另一半是由一个完整的编程语言构成的“以太脚本”。有了编程语言就可以实现智能合约的运用。编程语言与我们用来编写法律和传统合同的自然语言相比，不会出现歧义。通常来说，我们让计算机运行一段代码，只要所有条件确定后，运行出来的结果也是确定的。

以太坊本身又是开源软件，具备了开源项目的快速创新特性，新的项目可以共享其他项目代码，将其纳入自己的项目，快速地迭代出符合市场需求的产品。以太坊抱有多中心化开放区块链技术架构的愿景，致力于建立区块链基础设施来帮助其他人快速开发产品。在以太坊这个开放的系统中，多种区块链、协议和货币并存，相信未来会孕育出现象级的产品，犹如基于互联网的 Facebook、Uber 等。

以太坊还是智能合约的“仓库”兼数据库。整个以太坊平台是基于区块链建立的，因此，其智能合约是不可更改的，除非开发者在合约正式发布之前设置了接受修改的许可。

4. 以太坊在现实世界的应用

以太坊提供了智能合约的完整解决方案。把传统合同合约变成智能合约，通过自动化方式解决了传统合同的纠纷等棘手问题，同时也为生活提供了方便。

比如，Slock. it（德国一家区块链初创公司）是一家基于以太坊的、提供自行车租赁服务的物联网平台。自行车的所有者会将一个智能锁安装到他们的自行车上，并且在以太坊区块链上给自行车注册一个智能合约。接下来，任何人都可以向该智能合约发起一个发送一定数量数字货币的请求，合约在接到这个请求之后，会自动将这笔数字货币转发给自行车的所有者。对于发送者来说，则可以获得 2 个小时的自行车使用权。

Slock. it 设想通过以太坊智能合约与物联网的结合构建一个智能生活。想象一下：你的冰箱能够自己加工冰块，洗衣机能够自己使用洗衣粉，你不用再操心这些烦琐的生活小事，智能合约将让你的生活变得越来越智能。

又如，与Uber类似的拼车公司Arcade City利用以太坊开发出直接连通司机与乘客的平台，将定价权交给司机和乘客，司机可以在资料里标明要价。平台通过智能合约来进行身份的验证和信用系统的管理，乘客可以在打车前看到司机的信息资料，可以对乘车体验进行全面的控制。平台还提供送货、道路救援、拼车等服务。

以太坊正被一些金融机构、银行财团（比如R3），以及类似三星（Samsung）、德勤（Deloitte）、莱茵集团（RWE）和国际商业机器公司（IBM）这类大公司所密切关注，由此也催生出了一批诸如简化和自动化金融交易、商户忠诚度指数追踪、旨在实现电子交易去中心化的礼品卡等区块链应用。本质上，以太坊的目标就是将区块链技术所具有的多中心化、开放和安全这三大特点，引入到几乎所有能被计算的领域。

4.1.4 智能合约对区块链的反馈作用

区块链上的智能合约几乎继承了区块链的所有优点，而编程又赋予了它智能的特性，区块链通过与智能合约的结合将金融带入了新的智能时代。同时，智能合约是区块链的激活器，为静态的底层区块链数据赋予了灵活可编程的机制和算法，并为构建区块链2.0和3.0时代的可编程金融系统与社会系统奠定了基础。并且，智能合约的自动化和可编程特性使其可封装分布式区块链系统中各节点的复杂行为，成为区块链构成的虚拟世界中的软件代理机器人，这有助于促进区块链技术在各类分布式人工智能系统中的应用，使得基于区块链技术构建各类去中心化应用（Decentralized Application，DApp）、去中心化自治组织（Decentralized Autonomous Organization，DAO）、去中心化自治公司（Decentralized Autonomous Corporation，DAC）甚至去中心化自治社会（Decentralized Autonomous Society，DAS）成为可能。

4.1.5 智能合约在金融行业应用的优势与不足

1. 智能合约的优势

优势一：智能合约可降低金融交易成本

区块链上最大的特点是去中心化，我们将智能合约运用于金融交易中，就可以跳过中间对手方这个环节，智能合约的内容由区块链的机制保障其自动化执行，这可以省掉很多中介费用以及为交易风险所付出的代价。除了降低中介费等货币成本，智能合约还提高了金融运行的效率，降低了时间成本。

以证券行业最发达的美国为例，从证券的交易到交割结算要经过 3 天的时间。先前为了保证金融行业的安全，促成交易的完成，在交易中加入金融中介成为最优选择，但金融中介的存在也会带来效率低下的问题，毕竟一项交易的相关经手方变多了之后，所消耗的时间也会增加。但如果你签订的是智能合约，就没有金融中介的问题，因为这个智能合约可从外界获取相应信息，计算所需结算的金额并自动在区块链上完成各项资产的转移（假设区块链上有足够的资产）。区块链上的智能合约使原本需要金融中介参与的金融交易变得智能、高效。

优势二：智能合约可保障金融交易安全

首先，区块链上的智能合约能保障交易资金的安全。只有合约双方才可以动用区块链智能合约中的资金；双方一旦达成协议，签订完合约后，合约所涉及的资金、资产都会存放到智能合约控制的中心账户上，合约的任何一方都不能控制或挪用资金，直至合约自动执行，资产转移完毕。

其次，区块链能保障交易信息的安全。区块链虽然是通过将交易信息公布到链上进行证明，但这些信息都可以通过加密的形式在链上公布，没有"钥匙"的人没有办法解读出合约的详细条款。区块链通过加密技术实现了公开证明和信息保密的平衡，保护了合约的商业机密。

最后，智能合约大大降低了违约风险，因为区块链上的智能合约会自动、强制执行合约上的资金、资产划拨等条款，而且还有强大的记录功能，所有的交易信息都可以追溯，违约方的违约成本较高，且违约后很容易被查出来。

优势三：智能合约有利于金融监管

2008 年国际金融危机之后，美国颁布了《多德–弗兰克法案》，规定了场外衍生品交易结算也需要经过中央对手方，因为美国人在总结金融危机爆发的原因时认为对很多场外衍生品缺乏监管也是危机爆发的原因之一。智能合约在不需要引入中央对手方的条件下，也能对衍生品市场进行监管。智能合约让金融工具在市场中自主流通，所有交易情况都会反应在链上。监管当局可以检测金融交易情况，及时发现交易异常，做出相应的判断。同样，监管当局也可以从交易数据中看到宏观经济的最新动态，做出正确的决策。

2. 智能合约发展的不足

由于智能合约从技术上来讲才刚刚起步，我们在看到它的无限可能的时候，也要认识到在这一领域还有许多理论问题没有解决。

当把智能合约用于金融领域时，为了保证合约的履行，需要先将相应的资金发在区块链上，提前冻结。这从技术层面上来说是可行的，也确实能降低违约概率，可以说几乎没有违约风险，但从金融层面来说显然是不可行的，这与金融、经济的逻辑相违背，大大降低了资金的使用效率。当合同方把资金放到链上，这意味着无法将这些资金用于他处，以牺牲资金的使用效率来换取风险保障，恐怕没有多少投资者愿意买智能合约的单。然而，如果不将相应的资金放在智能合约的控制下，支付就无法得到完全的保障。显然，收益和风险同增同涨的客观经济规律是智能合约也无法打破的。

此外，智能合约也并非完全智能，有时候需要从外部获取一些信息。当需要获取期货等金融工具价格进行结算时，由于这些信息都十分公开，几乎没有造假的可能，智能合约在获取和使用时的成本和错误风险都较低。但是，由于智能合约的代码需要向网络内所有参与方公开，对于很多金融交易形式来说，这意味着资金投入之后，网络中的非参与方也可以积极参与我们平时忽略的交易并给参与方带来麻烦。这同时意味着，区块链智能合约的非参与方可以囤积或出售资产，这将损害参与方的利益。

最后，智能合约在保证能在链上完成的金融交易上“很有一套”，但如果需要在区块链下执行协议的交易，智能合约的约束能力则相当有限。

4.1.6 厘清对智能合约的几个认识误区

1. 智能合约和书面协议一样吗？

不是的。如果我们忠于尼克·萨博最初的想法，智能合约可以让违反合同的代价变得昂贵，因为它们通过“数字手段”控制了现实世界的重要资产。

所以，智能合约能实现某些功能性实施工具的特定要求，也能够证明是否符合某些条款。这些是非常严格的执行工具，例如没有按时还汽车贷款，汽车会被数字锁锁住，直到还清贷款才能解锁。

2. 智能合约是合法、可执行的？

智能合约还不受法律约束，但是它们可以代表部分法定合同。关于智能合约的合法性仍在探索中。智能合约可以用于审查跟踪，来证明是否遵循法定合同的条款。

3. 智能合约是人工智能的？

智能合约本身并没有那么“智能”。智能合约不是真正运行于区块链的软件代码，它是由外部数据生成的，由此可以修改一些其他的数据。所以，智能合约更符合事件驱动型概念，而不是人工智能。

4. 智能合约是区块链应用程序？

智能合约是去中心化（区块链）应用程序的一部分，一个应用程序的可能有多个合约。例如，如果智能合约满足了某些条件，这个程序就可以更新数据库。

5. 智能合约更容易编程？

写一个简单的合约是非常简单的，特别是如果你使用特定的智能合约语言，仅用几行代码就可以让你写一个复杂的程序。但是，还有更先进的使用“甲骨文”的智能合约实施工具。“甲骨文”是发送可执行信息到智能合约的数据源。

6. 智能合约只能让开发人员使用？

目前是这样的。但是很快就能找到更好的切入点，让使用者通过图形用户界面或超文本标记语言安装使用。

7. 智能合约不安全吗？

不是的。即使在以太坊，智能合约也只是作为 Quasi-Turing 运行程序，意味着执行的时候有结尾，不会无限制地冒险循环。

8. 智能合约是限定的应用程序吗？

不是的。智能合约是与现实生活资产、智能财产、互联网和金融服务互动的一个理想工具。

4.1.7 智能合约的未解之疑

疑问一：智能合约十分依赖于发送给它的信息的质量。“预言机”和“m个中选 n 个”（n-of-m）方案可以帮助解决问题。但是，如果信息源消失了，或者以前独立的信息源合并，抑或新的更好的信息源出现了，该怎么办？

疑问二：如果可以有多种方式（例如，程序直接作为账本上的资产或者合约）为世界各种现象构建模型，最终选择哪一种？

疑问三：智能合约部署后，发现它存在 bug（漏洞），明显地有利于合约的一方，该怎样进行修复？

疑问四：就像律师可以通过发现合约中的漏洞而赚到许多钱一样，会出现一种通过发现智能合约中的漏洞而赚钱的“工程师-律师”吗？

疑问五：智能合约具有与“真正”的合同一样的法律效力吗？如果智能合约的结果违背法律，或者法庭发现它与《合同法》冲突，该怎么办？

疑问六：大多数分享的、复制的账本都是公开的，那么，有多少零售商同意公开自己与供应商之间的合约？

疑问七：底层技术能够满足需要吗？如果不能，可以进行扩展吗？

4.2 智能投票

4.2.1 智能投票的定义

自从区块链技术诞生后，人们长期致力于将这项技术推广到更多应用领域，投票系统就是其中之一。随着探索的深入，一直处在概念中的“智能合约”开始在区块链的应用中发挥越来越重要的作用，智能投票系统也由此应运而生。2016 年 3 月，美国犹他州的共和党已经率先使用基于区块链的网上投票系统进行总统候选人投票。自此，无论犹他州投票者身处何地，都可以在电脑前参与网络投票，而不必亲身到投票室投票。在金融领域，智能投票系统也被设计用于股东投票或代理投票。

智能投票远远没有它的名字听起来那样智能，任何投票平台被设计出来后都无法代替选民或者投票人的投票决策，神圣的投票权依然掌握在这些投票人的手中，“智能”仅仅体现在提交投票结果的自动化过程以及自动统计得票数方面，智能合约在其中扮演了重要的角色。如果仅仅是投票结果的自动统计，智能投票并没有太大优势，现行的电子投票系统完全可以做到，而高度的透明化投票流程、匿名、安全、易于追踪等特性才是智能投票系统大获青睐的重要原因。

4.2.2 智能投票的特点

投票是现代社会一项重要的表决方式。大到国家领导人的选举，小到公司项目的决策，投票是充分发挥民主权利，表达民主意愿的有效途径。然而，现行的投票制度和投票技术远远不能满足当前的民主要求，智能投票系统能在以下 6 个方面改善现有的投票流程。

1. 反欺诈

欺诈事件在投票活动中似乎不可避免。在政治领域，许多发展中国家是选举欺诈或者投票舞弊的重灾区，由于缺少责任机制，这些国家正深陷腐败泥潭，危地马拉就深受其害。在美国，其总统选举中的欺诈行为更是多种多样，令人触目惊心。一些人会在登记过程中使用各种注册方法来影响选举的结果，如给死亡公民、仍在服刑的罪犯、纯粹虚构的人物乃至他们的家庭宠物进行登记注册。2012 年，佛罗里达州棕榈滩郡的选民登记表格中就发现了一个已经过世的女人的名字和签名，她是以共和党成员的身份进行登记的。

上述欺诈行为之所以能够发生，很大程度上取决于选民登记注册制度存在严重缺陷。由于缺少有效的身份核实机制，不法分子或利益集团大肆利用制度漏洞控制选举过程。

智能投票系统将从根源上避免这种情况的发生。在系统中，投票人可以通过人脸识别技术以及年龄、国籍等其他身份凭证等途径验明身份并注册账户。每个账户的投票人都将有唯一一个投票 ID，这意味着同一个投票人通过多个投票 ID 投票从而影响选票结果的情况不可能发生，更不可能成功注册多个投票账户。这样的登记注册制度保障了那些有投票权的公民和公司股东的合法权益，从投票初始环节就避免了徇私舞弊行为的发生。

2. 避免重复投票

由于出行成本和投票权利等原因，小股东通常不会亲自出席股东大会，他们往往寻找可信赖的代理人代为出席议会并执行自己的投票权。但是，委托代理制度极容易引发道德风险，变成大股东和公司高管玩弄投票权于股掌之间的工具。网络投票系统的出现让普通投资者有机会充分行使自己的投票权，投出自己神圣的一票。然而，现行的网络投票存在两种投票系统并存的局面，股东既可以通过交易所的投票系统参与股东大会来投票，也可以通过个人电脑中的网络投票平台来投票。存在同一股东同时利用两种系统投票的情况，也存在利用一种投票系统反复参与投票的情况。股东的这种反复、重复投票甚至在不同的投票系统上提交不同投票结果的行为将严重影响投票结果的统计，股东自身的权益也将因此遭受损害。

基于区块链的智能投票系统能够消除投资者反复投票、重复投票的操作。

首先，区块链投票系统提供了唯一的投票平台，投票人不可能再钻投票系统的空子，在不同的系统中来回切换、提交不同的投票结果或者反复投票。其次，在区块链投票系统中，一旦投票人将投票结果提交成功，并得到全网认证，则投票结果就会被永久记录到区块当中。投票人可以更改自己的投票结果，但必须为此付出昂贵的代价。由于投票结果由区块链中的全部节点共同维护，想要更改投票结果必须说服至少51%的节点同意，而随着节点数的增加，说服单个节点的边际成本会陡然上升。因此，重复、反复投票的情况在智能投票系统中基本不可能发生，投资者将会审慎对待自己的投票权，进而明确态度、谨慎投票。

3. 高度透明的投票流程

小股东所持公司股份一般较少，因而他们往往放弃自己在股东大会中投票的权利，转为通过研究公司股价、买卖公司股票实现自己的权益。这种行为被称作小股东“理性的冷漠”。事实上，这种行为的背后可能还蕴含了一种更为深层次的原因，即小股东无法验证他们的投票是否被正确核算过了。由于投票流程与环节的不透明性，任何有权有势的公司利益相关者都可以通过黑箱操作来统计选票并操纵投票结果。正如约瑟夫·斯大林所说，“问题不在于谁来投票，关键在于谁来计算选票。”

智能投票系统将不存在暗箱操作问题。区块链本身是一个共享式的分布式账本，由系统中的全部节点共同维护。每一个写入区块中的投票结果都以时间顺序加盖了时间戳，哪位候选人获得了选票、到目前为止获得了多少选票、这些选票分别是由谁在什么时间投出的，这些数据都可以被追踪和查询审计。篡改投票结果必须保持所在的区块链为当前最长，这不仅需要计算机强大的运算能力，还要冒巨大的风险，一旦系统中有节点发现投票结果被篡改，这一消息将几乎立即被通知到全网各节点，被篡改的链条将很快被系统抛弃。透明的投票流程将极大地激发股东的投票积极性。随着移动通信网络的覆盖以及智能手机的普及，股东的投票参与度也会逐步提高。

4. 节约时间和资金成本

每一次股东大会似乎都是一场烧钱的活动。现代上市公司规模巨大，股东众多且极为分散，仅通知股东参加股东大会就是一项费时、费力的工作。若大多数股东同时出席股东大会并参与表决，还将使公司承担巨大的会议开支（包括租用场地开支、投票纸张开支等），而且将面临场地容纳与特殊情况处理等事实上的困难。对于股东个人而言，特别是中小股东，出席股东大会需要花费巨大的出行成本与住宿开支，这与他们手中微弱的投票权形成了巨大的反差。此外，许多证券交易所的投票系统的运行时间也已有数年，机器老旧不堪，更由于部分原件停产，每年的系统维护费也是一笔巨大的开支。

无论对于公司而言还是对于股东而言，智能投票系统都具有积极意义。首先，公司将大大节省场地开支，节约股东投票所需纸质开支。其次，股东投票成本仅为代理投票成本。如果股东自行投票，则只需连接入网的终端设备和区块链投票系统应用即可。中小股东能够将更多的时间、精力投入到对公司经营状况和财务信息的深入了解当中，并在投票时谨慎决策。

5. 安全

互联网投票系统能够使股东更方便地利用多媒体、互联网等高科技手段系统地了解股东大会的会议议案，参与会议交流，及时获悉会议现场情况。但无论是证券交易所的投票系统还是一般网上投票系统，它们都是一个中心化的投票系统，极易遭受黑客的攻击，投票结果被篡改和被操纵的风险极高，因此，股东的表决权得不到有效的保障。

智能投票系统本质是一个共享式数据库，单一节点受到攻击后，其他节点依然拥有完整的交易数据，系统仍将不受影响地正常运行。只有当系统中50%以上的节点同时遭到破坏时，交易数据才可能被窃取或篡改，但这需要计算机强大的运算能力，一台超级计算机也要花上许多年才能计算出来。智能投票系统利用数字签名和加密技术来保证投票结果的唯一性和真实性，并通过“矿工”的工作量证明来确保最终投票结果的有效性。由于解密需要计算机强大的运算能力，工作量证明更是要计算机生成一段随机编码，因此单一节点遭受攻击的可能性被大大降低，投票结果也不会轻易被篡改，安全性得以大幅提升。

6. 匿名

股东在投票时，出于自身利益的考虑，通常不希望其他利益相关者知晓自己的投票结果，而现有的投票系统由于缺乏可靠、安全的技术支撑，难以保障投票人的隐私权。

区块链投票系统可以使用加密认证技术来对账号持有人发放私钥，并让这些投票人用私钥来获取选票。同时系统还将使用公钥来验证用户的投票操作是否有效，并将确认合格的投票结果写入区块链中。这样的投票系统设计让投票人可以确信自己的身份受到保护，并维持匿名状态。

4.2.3 区块链投票系统

现行的股东代理投票机制流程长、程序复杂且非标准化，投票信息在被传递的过程当中存在被篡改或丢失的风险。此外，这种代理机制在不同的托管人之间还使用了不同的字符识别系统和信息传输系统，使得投票的追溯和确认工作困难异常。一家荷兰研究机构的调研结果显示：在荷兰使用代理投票系统的公司里，仅有31%的公司能够确认自己的代理投票结果。

智能投票系统的设计去掉了纷繁复杂的中间环节，简化了投票流程，为投票信息传递提供了直接、安全的通道，大大提高了投票效率。用户只需下载区块链投票系统软件，提交身份信息并注册成为资产管理人即可直接参与投票。如图4-3所显示的基于区块链的新型投票系统模型，系统将自动并实时统计有效的投票结果，这是智能投票目前最“智能”的部分。在未来，防范委托代理制度诱发道德风险的智能合约一旦被写入区块链的代码当中，则是智能投票的又一次跨越式创新。由于区块链本身是一个共享式的分布式账簿，这也使得投票过程变得透明与可视化，投票信息会实时发布到共享账簿当中，资产管理人可以快速查询到投票结果。与传统的投票机制相比，区块链投票系统流程安全、透明、高效，操作便捷，能够节省50%~60%的成本。

图 4-3　基于区块链的投票系统模型

纳斯达克正试图运用这样的智能投票系统来解决股东代理投票机制问题。2015 年 10 月，在欧洲“贸易与技术之卓越金融新闻奖”会议上，纳斯达克首席执行官 Bob Greifeld 宣布该股票交易所将使用区块链来管理代理投票系统。人们可以在这种不可变更的总账系统上用自己的手机进行投票，如此一来，无论是大股东还是小股东，都可以参与公司年度会议的投票，而无须出席周年大会，并且投票记录永远保存在区块链上。此次试验迈出的第一步是为了让上市公司的股东，特别是中小股东更多地参与投票过程。目前，股东参与投票过程与市场需求严重脱节。有统计数据显示，在上市公司的管理投票过程中，股东参与率很低，仅为 1%。

纳斯达克首选爱沙尼亚的纳斯达克 OMX 塔林证券交易所作为试点，该交易所是爱沙尼亚唯一已经获得监管的证券市场。纳斯达克能够通过该国的电子居留（e-Residency）平台访问投资者数据，从而为用户创建起自己的表决账户。此外，爱沙尼亚本身热衷于 IT 创新，这也是纳斯达克选择该地区进行试验的重要原因之一，因为这意味着这个系统更可能获得潜在的支持。如果成功，将能在更广阔的范围内推广开来，广泛运用。

除了美国的纳斯达克，俄罗斯也计划于 2017 年推出区块链投票试验。俄罗斯国家证券存管公司（NSD）宣布，已经成功地完成了一个基于分布式总账的 e-Proxy 投票系统的开发和测试工作。e-Proxy 投票系统是一项处理企业行为的创新技术，它为证券持有人和发行人之间的信息和文件交流提供了一种电子交流方式。2014 年 8 月，NSD 首次研发并实施这种新型投票系统。2015 年 4 月，NSD 显著提升了这一技术的性能并将其纳入 ISO 20022 国际标准。2016 年 4 月，NSD 通过一个债券持有人会议检测了 e-Proxy 投票系统的表现。

NSD 通过发送和计数投票指令管理投票台账。基于区块链的 e-Proxy 投票样机将投票指令直接寄存在分布式总账上，股东使用各自的数字签名并通过个人账户在被提名人的网站上投票。投票表决记录从一个被提名人传递到另一个被提名人，直到到达中央证券登记处。当投票结束时，系统自动计算投票结果，NSD 在区块链上使用数字签名发布投票结果。虽然目前 e-Proxy 是完全可操作的，但谈论其在实践中的应用还为时过早，使用 e-Proxy 投票的实施需要一定的立法。

4.2.4 投票 DAC

DAC 的全称是去“中心化自治公司”，这一概念最早由 Bitshares 项目的首席执行官 Daniel Larimer 提出。与普通公司自上而下、等级明确的组织架构不同，DAC 所有权的归属由区块链共享分类账保管和验证，这个区块链中的任一个节点都是平等的，没有优于其他节点的特权。在这样的环境下，公司重大事项的决策以及产品生产和服务的提供过程也被分散到数量庞大的节点中去。由此，DAC 的概念不再局限于“公司”的定义，它更是一个产品或者一款软件。

DAC 能够为投资它的使用者产生经济利益，这些投资者就相当于“公司”的持股人，他们通过购买产品“代币”（产品股份）享受该软件所提供的服务。全网的运营（如交易确认、转账记录的真实合法性等）由 101 名“受托人”共同维护管理。这些受托人是通过 DAC 中其他持股人的持续投票产生的，因此相当于公司的董事会成员。与普通公司不同的是，在 DAC 中，持股人可以随时更改他们的选票，选入或投出受托人，终端用户通过这样的操作方式共同控制公司（产品），而不依赖任何个人，并让 DAC 持续地为软件使用者提供服务，实现自治。

Bitshares 认为 DAC 可以创建多种商业模式，如银行业、保险业、股票交易所、博彩等，代理投票也是其中一种典型的应用案例。投票 DAC 可以实现完全透明的投票流程，确保投票结果的真实可靠性，并尊重投票人的隐私权。这种投票系统也是在 DAC 中应用加密货币和区块链技术实现的，同样，它还具有精确、自治、公正、高效、纠错等诸多优良特性。

创立于 2012 年 7 月 4 日的 Follow My Vote 将以一个 DAC 的方式存在，其正在利用 Bitshares 工具包开发未来第一个投票 DAC，通过区块链、智能合约以及加密认证技术，打开当今世界选举活动的黑箱，为每一场投票结果提供终端到终端的透明服务。

图 4-4 是一个典型的 Follow My Vote 的区块链投票系统。当用户使用这款

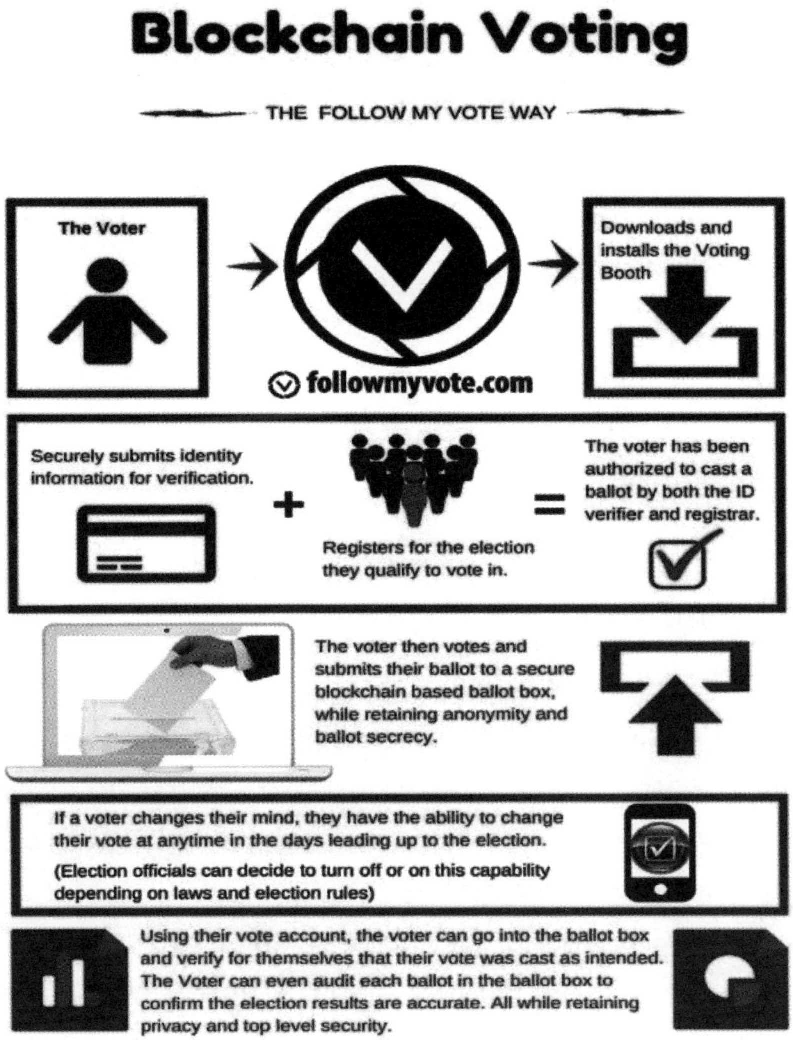

图 4-4　Follow My Vote 投票系统

投票系统时，股东或其代理人需要首先在其智能手机、笔记本电脑等个人设备上下载并安装 Follow My Vote 软件。然后，投票人向系统提交相应的身份信息（包括人脸摄像、身份证号码或者其他投票人信息）以通过身份验证。一旦获得身份验证，投票人就具备了投票资格，他们将由注册登记处分配正确的选票。投票人将在区块链投票箱中安全地提交他们的投票结果。为了获得选票证明，投票人有权选择打印收据。如果组织允许，投票人可以在规定的投票日之前进入 Follow My Vote 投票系统进行投票，也可以在此之前随时更改自己的投票结果。当投票日结束时，每个投票人的最新投票被视为是正式投票，他们被允许进入投票箱查看自己的投票是否符合预期，同时可以审核每个投票箱中的投票总数是否与区块链投票系统报道的投票数相吻合，在此过程中，其他投票人的身份将得到有效保护。就此，Follow My Vote 为投票人提供了一个透明、安全、可靠的投票环境，在保证投票者隐私的情况下消除了欺诈、恐吓和计票错误等外部影响。

4.3 智能证券

4.3.1 智能证券的定义

智能合约在金融业的应用领域众多，其中最典型的例子是数字货币协议(Digital Cash Protocols)。数字货币是一种网上支付的货币形式，它保留了纸币的固有特点，即不可伪造性、私密性以及可分性。实际上，除了数字货币，任何涉及交易双方的协议或者合约都可以通过智能合约来实现。证券本质上可以看作是一种合约，如果把这项合约以代码的形式写入区块链中，它就变成了一种可以自我执行的证券，基于这种特性，我们将这种证券称为“智能证券”。如果要给它下一个完整的定义，那么可以说智能证券是一种机构和投资者利用区块链发行、管理并交易各种金融工具的自我实施和自我执行的合约。

4.3.2　智能证券的特点

智能证券是智能合约在证券业的应用，其“智能”与“合约”的双重性质赋予了它以下五个特点。

第一，智能证券可为任意复杂的金融工具或金融交易协议建立适当的模型。现如今，在场内交易的证券几乎都是标准化证券，而非标准化证券，特别是复杂的、企业间的金融衍生工具产品则必须通过律师或者其他交易所的介入才能完成进行交易，需投入大量的人力物力。智能证券可以完全替代非标准化证券交易时的复杂流程，自动执行复杂的清算、交割命令。

第二，智能证券可用人类可读的计算机代码编写金融工具程序。智能合约本质并不是什么高深莫测的事物，它就是写入区块链的一段代码，这段代码可以由人类现已发明创造出来的任何编码语言（如C、C++、Python、Java、Ruby等）编写。

第三，智能证券通过计算机代码来自动执行证券的发行和交易，全部数据都将被存储在一个分布式账本中。由于智能合约目前依然依托于区块链而存在，因此智能证券的全部交易数据都将以时间戳的形式写入区块链中，并由区块链系统中的所有节点共享。

第四，智能证券允许手动启动，也可以自动执行条款和条件。以股票为例，当某公司的股票价格波动到一个事先约定的价格区间时，股票交易双方将按照约定（包括买入股票数量、卖出时间等）完成交易。这样的合约被以代码的形式写入区块链中，一旦条件被触发，区块链系统将自动启动智能合约的付款代码，所涉及的证券等有价资产将被自动按照合约进行交易，并实时完成清算交割。

第五，智能证券支持在任何交互过程中的加密授权和自定义工作流程。由于智能证券是一支自我执行的合约，则其在执行合约的过程中就必须严格保护交易双方的隐私，因此，获得交易方的加密数字签名至关重要。在智能证券中，这种加密授权同样以代码的形式存在，可以在合约执行时自动获得，无须人为操作。如此一来，智能证券就给合约的执行定义了一套标准化的工作流程。

4.3.3 智能证券的重要作用

具备了上述特点的智能证券在金融实践领域也发挥着越来越重要的作用，主要体现在以下四个方面．

第一，由于智能证券允许对任何金融工具的复杂结构、复杂状态和复杂的相互作用进行建模，意味着任何可以被证券化的资产以及其他金融衍生工具的交易都可以化繁为简。无论其多么复杂，操作流程多么烦琐，全部交易过程都可以浓缩为区块链上的一段代码并自动执行，这使得金融交易从此变得便捷和容易。

第二，智能证券支持金融工具在其整个生命周期中的应用，包括证券的发行、在初级市场的分配以及证券在二级市场中的交易。智能证券不仅仅可以满足证券在二级市场上的自动交易，更具有颠覆性的功能是其用于证券公募与私募的发行和分配。这项技术将极大地缩短证券发行时间，节约发行成本，最大化地控制证券发行风险。

第三，智能证券本身是依托于区块链的智能合约技术，它拥有严格又强大的访问规则。智能证券的全部交易状态和交易数据都是以加密的形式存储在区块链当中的，该系统中的任何市场参与者都可以随时查看并维护共享账簿中的交易记录。

第四，智能证券的全部发行和交易数据以防篡改的形式发布到分布式分类账上。由于所有相关参与方均可以查看共享账簿中的内容，意味着区块链系统中的交易是以公开可见、受公众监督的形式存在的，任何个人或机器企图恶意篡改交易内容都将被及时发现并制止。

4.3.4 智能证券的优势

与传统证券的发行与交易方式相比，智能证券具有简化流程、共享数据、节约成本、消除干扰、降低风险、增加透明度、具有成长和适应性等多个优势。

1. 简化流程

智能证券可从证券的发行、交易、清算与结算三个方面简化现有的交易流程，实现点对点的直接交易，提高交易效率。

一是简化发行流程。在公募发行领域，企业通常要经历3个阶段，即准备阶段、申报阶段和审核阶段。在每个阶段中，企业需要准备或提交相关的文件并等待受理与审核，每个阶段都需要花费2~3个月的时间，之后才能进入正式的发行与上市环节。然而，一般的证券发行上市过程仍需3~4周的时间，且需要经历初步询价、确定价格区间、网下申购、股票正式上市等诸多环节。这种先审核再负责发行和交易的传统IPO流程，发行上市周期过长，流程过于复杂。

在私募发行领域，初创公司要通过私募发行方式获得融资，也需通过公司决议、尽职调查、备案发行等发行程序。在这样繁杂的流程中，初创公司需要大量手工作业和基于纸张的工作来处理股份交易，这些工作需要消耗大量人力、物力，还可能造成很多人为错误。

智能证券将彻底打破现有的IPO或私募发行流程。通过在区块链中编写智能合约，一旦合约条件（公司资产负债率、公司产品的市场占有率等）被满足，系统将自动执行合约条款，帮助企业发行证券。这种基于区块链的发行流程将全面采用无纸质化发行方式，实现证券的先发行再审核。最理想的情况是，区块链可以让任何人发行任何有价证券，并自行设定发行资产凭证。在未来甚至很有可能，所有的证券发行方式会从先审核后发行逐渐演变成先发行后审核。当区块链的“去中心化”特性高度发达时，其所有节点将分布在全世界任何有网络的地方，此时事前审核的可行性将逐渐下降，事后审核将成为主流。

二是简化交易流程。传统的证券二级市场交易程序需经历开户、委托、成交和结算四个阶段。投资者需要先在银行开设资金账户、在券商处开设证券账户，并将两者关联。之后投资者才可以通过证券经纪商在证券交易所进行买卖证券的活动，买卖双方按照竞价规则进行竞价，价格相互匹配的买卖双方完成交易。这种场内交易方式依然需要证券经纪人进入证券交易所以公开喊价等方式撮合交易，不仅存在着严重的信息不对称，还要为证券经纪商支付一笔不小的雇佣报酬。

智能证券简化了这一交易流程。当投资者所持股票价格波动到了某一区间（智能合约条件被触发），系统会自动向其他投资者发送交易信号，并自动搜寻合适的股票买方。对于股票买方而言，一旦收到了交易信号，其也会自动采取相应的竞价策略，竞价匹配的交易双方将自动达成交易合约，整个过程无须人员操作，自然免去了证券经纪商的代理行为，简化了交易程序。

智能证券在交易过程中最重要的就是获取加密授权，交易双方会在智能合约当中写入其对交易的授权说明，因此，智能证券在发布交易指令时就自带经过加密认证的数字签名。为了让全网承认交易有效，各个“矿工”小组会利用公钥和私钥对数字签名进行解密，并验证数字签名的来源。之后，系统会自动完成资金的划拨和所有权的变更登记。

三是简化清算结算流程。随着金融交易日益复杂化与需求多样化，为降低交易风险，国际结算机构的交易系统逐渐呈现出了“前台”与“后台”系统相分离的局面。“后台”系统是在“前台”系统的撮合成交环节完成后才开始的，需经历交易确认、清算、交收 3 个环节，需要证券交易所、券商、银行等金融中介机构的通力配合，流程复杂。

智能证券将“交易即结算”变得非常现实。通过在区块链中加入智能合约，买卖双方能够实现自动配对，以及自动清算、结算。这就意味着每个参与者可以将发生的每笔交易自动记录下来，而不需要中心机构参与。由于区块链技术的快速拷贝性和不可篡改性，真实的交易信息能够准确、快速地在区块链上产生公示。证券交易的买方和卖方、股票交易的价格与数目、资金的结算与证券交收都会被真实记录下来，有关交易所有权的争议不会再发生。

与典型的“T+3”和“T+2”的清算交收时间不同，区块链系统简化了证券的清算、结算流程，资金的划拨以及证券的交割过程仅需10分钟，大大缩短了清算时间，减少了结算风险。这种点对点交易提高了资产的流动性，也将为证券交易所吸收更多的股票投资。

案例

伦敦的金丝雀码头加拿大广场1号有一个欧洲目前最大的金融科技创新孵化基地Level 39。在这个基地里，瑞银创新实验室的专家们正紧锣密鼓地对20多项区块链的应用进行实例探索，“智能债券”是其中的一项重要应用。据这项“Crypto探路者计划”的牵头负责人——瑞银科技部高级创新经理Alex Batlin介绍，传统交易前和交易后的金融中介将不再参与“智能债券”模型，基于区块链的智能合约会设置为自动处理债券发行人和购买人之间的信息交流和资金划拨。不仅如此，技术团队还尝试在“智能债券”模型中加入一种虚拟秘钥，使之能够接入央行账户并与现实世界的货币相联系，进而推动价值在各方之间的转移。

Batlin介绍说，智能债券是项目组在区块链领域的首批实验之一，目标在于验证这项技术在证券发行中的潜在应用前景。截至2016年7月，项目组还没有利用区块链技术实际发行过债券，但已经开发和试验了能管理整个债券生命周期（包括发行、投资和票息支付等）的应用程序。

业内人士用“账本”来描述区块链“自我执行交易”的基本思路：从本质上说，区块链就是一条网络交易“信任链”。通过建立一个经过加密验证的“公共账本”，区块链系统中的所有节点都可以参与记账和核账，并将数据同步更新到全球各个角落的客户端“账本”上。各个节点的信息共同维护了“账目”的完整性和真实性，保证了交易记录不容篡改，使得任何资金转移都逃不出这个“分布式账本”的监控。

2. 共享数据

智能证券的全部交易数据都被自动记录在区块链当中，系统中的所有节点都拥有一本交易账本的副本，因此，交易记录将由节点共享并共同维护。在这样一种共享账簿中更新数据，需要获得半数以上的节点同意。

3. 节约成本

智能证券自动化地解决了复杂的金融交易问题。原有烦琐的办公流程在很大程度上是造成金融交易高成本的主要原因，智能证券将主要从以下三个方面节约成本。

一是节约发行成本。正如前文所述，无论是公募发行还是私募发行过程都需要经历多个环节，每一环节不仅需要调动大量人力，还要耗费大批纸张，更要经过漫长的等待。智能证券的发行将这些环节统统一揽子打包，并全部在区块链上实现，节约了公司的发行成本。

二是节约代理成本。传统证券交易的竞价和撮合过程一般由证券经纪商代为完成，普通投资者需为此支付较高的代理费用，而且由于信息不对称，代理行为容易引发道德风险。智能证券将实现点对点的直接自动交易，节约代理成本。

三是节约管理成本。与传统的“T+n”清算交收时间不同，区块链可以实时完成清算结算工作，证券和资金的管理成本将因此大幅降低。

4. 消除干扰

智能证券的应用使得作为金融工具的证券在其整个生命周期（发行、交易与结算）中被完全数字化了，不再有实物的证券存在。所有权的变更不再以实物为标准，而变成了一种纯粹的形式的概念，可通过加密来验证。

5. 降低风险

智能证券在其发行、分配、交易和结算的过程中的公司行为不必建立在对一个单一的合作伙伴或技术供应商的信任基础之上，“矿工”们会去验证交易双方是否满足交易条件。一旦一方的资金余额不足等交易条件不满足，则交易不会继续进行或者自动执行违约偿付。

6. 增加透明度

高透明的权益市场是智能证券的一大优势。由于参与交易的双方都有完整的交易记录副本，假使篡改交易或虚假交易发生，网络中其他节点的交易者手中的交易账本副本也不会发生变化，交易者可以第一时间洞察不真实交易的存在，从而拒绝交易或上报监管机构。

7. 具有成长和适应性

智能证券技术与底层网络相分离，可以运行在几乎任何区块链或分布式总账系统之上，具有极大的成长空间。

4.3.5　智能证券的弊端

智能证券虽然有诸多优势，但并非万能。虽然智能证券的自动化交易在技术上具有可行性，但资金的利用也因此受到了限制。如果用于支付债券的资金由智能合约控制，则债券发行方不能随意将这些资金作为他用。如果这些资金不在智能合约的控制之下，就没有办法保证付款到位。

从投资者的角度来看，有吸引力的回报率是投资者购买债券的最大目的，但债券买卖活动存在一定的违约风险。而对于发行人来说，发行债券的目的是将筹集到的资金用于生产，例如建立新厂房、生产销售产品等，而生产活动也存在风险，所以债券发行人在募集到资金的同时并不能保证投资者百分之百地得到偿还，智能合约并不能解决风险与回报的关系。

4.3.6　智能证券平台——Symbiont

Symboint 是一家总部设在纽约的金融技术公司，致力于服务新兴数字货币金融产业。Symbiont 专注于在传统金融市场和区块链技术之间建立共生关系，是一个不受任何单独一方控制的自动执行金融工具的智能合约，主要存储在全球共享数据库的区块链中。

2014 年 3 月，比特币 2.0 项目合约方创始人与 Mathmoneyf(x) 创始人合作共同创建了 Symboint。

2015 年 6 月 10 日，Symboint 获得 125 万美元种子轮融资。

2015 年 8 月，Symbiont 在其比特币区块链上发行了一只能够自我执行合同的证券，并将这种证券第一次命名为“智能证券”。许多创业公司都在避开股票公开发行，而金融的未来可能会是日益发展壮大的私募证券市场，为此，Symbiont 计划瞄准私募股权市场。此外，Symbiont 还看到了企业债券市场的潜力。其首席执行官 Mark Smith 表示，在银团贷款市场上，区块链技术将是有未来的，贷款方可以组团给借款方提供资金，从而分散了违约的风险。

2016 年 1 月，Symboint 再次获得 700 万美元 A 轮融资，公司市值达到 7000 万美元。为了更安全地执行交易和智能合约，Symbiont 宣布与数字安全巨头金雅拓（Gemalto）达成合作协议。Symbiont 凭借 Gemalto 市场领先的硬件安全模块（HSM）确保其智能合约区块链上的身份和交易的安全，并以此防止盗窃、伪造文件等违法行为。同时，通过“安全地管理、处理和存储”密钥为 Symbiont 平台提供保护。

2016 年 8 月，Symbiont 发布了其在比特币区块链上的安全认证，并定义了条款、条件以及有关金融的一些业务逻辑。Symbiont 允许机构和投资者发行、管理并在区块链上交易各种金融工具，这些被 Symbiont 称为“智能证券”的工具是自我实施和自我执行的合同，消除了传统金融交易的手动过程，更加节省时间和成本。

Symbiont 的背后团队是嵌入式共识技术的先驱。Symbiont 利用这种嵌入式共识技术建设了它的智能证券平台，在实践中，这种技术有着以下四个方面的优点。

优点一：模块化。嵌入式共识可以理想地达成数据抽象化、模块化和封装化的目标。

优点二：数据安全。由于过程相对简单，嵌入到分布式分类账中的数据也有着和其他所有在分布式分类账中的交易相同级别的安全性。

优点三：灵活性。由于这种技术的出现，基于该技术的智能证券平台可以在几乎任何分布式总账系统上运行。

优点四：简单性。嵌入式共识机制在几乎所有的情况下都远远比同类竞争方法更简单。

总之，嵌入式共识技术方法是将智能逻辑功能嵌入到分布式分类账中的一种灵活的、成熟的、久经考验的工具。

4.4　智能资产

4.4.1　溯源

尼克·萨博于 1997 年提出了“智能资产”这一概念。但他在研究中提及的智能资产嵌入的是实现特定契约条件的智能契约，所涉及的智能资产的范围还较小。

4.4.2　智能资产的定义

目前，我们提及的智能资产是以区块链为基础的可供交易的所有资产的总称，具体表现为利用区块链来控制资产的所有权，使用区块链编码的资产与智能合约结合后成为智能资产。这些资产包括有形和无形的资产，并且它与智能合约的结合能够在区块链上实现自动交易、转让所有权。

比如，将车辆与智能合约结合，就是所谓的“智能汽车”。先在区块链上建立智能合约，当车贷全部还清后，智能合约会自动将汽车的所有权转到购买者的名下。在未来，居民的房产、车库、门禁系统也许都会植入软硬件的识别设备，能够自动识别所有者注册在区块链的数字身份，就如同好莱坞科幻电影中的场景，让我们进入便捷的智能世界。

当资产变得智能后，资产本身就从“被动的被操作资源”提升为“主动的操作性资源”。通过区块链让资产变得智能，将极大地简化资产所有权证明和资产的管理、交易、转移等问题，大幅提高社会运行效率。在智能资产之上，特定的（金融）应用场景可以起舞：交易、借贷、租赁，还有抵押等。

当然，这些愿景的实现还需技术的进一步发展和法律的支持。目前已有一些初创公司在智能资产方面做了尝试。

4.4.3 智能资产平台——元界

1. 名字的由来

元界这一名词最早来源于 Neal Stephenson 1992 年完成的科幻小说《雪崩》（*Snow Crash*）中。在小说的虚拟世界里，人们拥有虚拟身份并可以互相沟通，甚至与电子代理发生关系。元界项目的取名受到了 Neal Stephenson 的虚拟世界 Metaverse 的启发。

实际上，元界是基于公有区块链技术开发的多中心化的平台，包含数字资产和数字身份。元界最初是由维优的团队组织开发和维护，是在 MIT 许可协议之内进行开发的项目。

2. 元界与以太坊的区别

以太坊解决的是智能合约和多中心化应用平台的问题。在这里，智能合约的概念被过度强调，数字资产必须依靠智能合约才能存在。而元界则强调数字资产的重要性，智能合约需要数字资产才能工作。

与以太坊的设计不同，元界的数字资产将沿用比特币系统的“未花费的交易输出方法”（Unspent Transaction Output，UTXO），数字资产将保留一个域空间和一个地址/数字 ID 身份。任何交易都将由一组输入和输出定义，并且带有当前数字资产的所有者和之前交易者的私钥签名，由以上这些元素共同组成新的 UTXO。

这样设计的结果将使得元界上的数字资产像比特币一样可以很方便地进行接收和发送。只有当更复杂的交易模式需求出现的时候，才会需要智能合约。

3. 元界的特点

元界的出现是受比特币系统的启发，使用区块链技术以解决比电子现金系统更多、更复杂的问题。元界通过对数字资产、数字身份进行清晰地定义，以及对区块链上价值中介 Oracle 的重要性的突出，保障了数字资产的所有权，并且定义了未来数字金融的基础。

在元界中，通过价值中介，智能资产可以在不同的数字身份中安全地进行各种转移。得益于区块链技术，元界继承了其不可篡改的账本以及不可双花的优点，元界将在数字资产和可数字化资产的海洋中徜徉。

4. 数字身份 Avatar——智能资产的所有权

随着大众工作与生活对互联网的依赖性增强，大部分时间处在线上，人与人之间的沟通方式发生了改变。我们或许很快就可以看到从信息互联网到价值互联网的转变，智能资产将更多在线上发生转移。智能资产的所有权需要通过个人对数字身份的掌控，再由数字身份以数学上不可伪造的方式持有。在那个时候，Avatar（数字身份）和 Oracle（价值中介）将成为经济主流模式。Avatar 作为线上身份的象征，可以代表人们在区块链上持有智能资产。

Avatar 的创建不仅需要给公钥加上一个别名（如身份证号、手机号），还应包括其他有应用价值的信息，并以密码学的方式保护起来。这些信息将能够通过零知识证明的技术向其他人展示需要透露的部分，并且要经过 Avatar 所有者同意（私钥签名）。

在比特币系统中，我们通过公私钥可以匿名持有比特币，但是在现实生活中，大多数活动需要我们提供各种个人信息。例如，如果你需要加入一个女企业家的俱乐部，就需要提供年龄和性别这两个基本信息。

Avatar 背后可能是一个真实的人，也可能是 AI（人工智能），或者是物联网（IOT）中的一台机器、一个公司或组织。一个 Avatar 可以拥有多种类型的智能资产，一种智能资产也可能由多个 Avatar 共同拥有，Avatar 和智能资产是多对多的关系。这种关系看起来比较复杂，但这是现实生活中真实的所有权关系。同时，在元界区块链上，这些关系被确权并且得到了加密技术的保障。

5. Oracle——价值中介

区块链技术要去中介化，或者说要“消灭中间人”，在目前看来只是天方夜谭。价值中介在未来相当长的时间内仍将发挥重要的作用。它们就像是虚拟和现实平行空间的虫洞，离开价值中介，两个世界的沟通就会出现障碍。因为就目前而言，两个世界的价值评判标准和逻辑还无法全部量化写成代码，更别谈实际应用。元界会为价值中介在区块链上保留位置，即 Oracle。

在元界，通过价值中介所起到的作用，智能资产可以在不同的数字身份中安全地进行各种转移。

4.4.4 智能资产的价值衡量——代币

1. 代币

熵（Entropy）这一名词来自热力学中对微观粒子混乱程度的描述，而在金融领域，它将代表元界智能资产的价值，缩写为 ETP。

在元界上，ETP 的发行总量是 1 亿枚，ETP 的最小单位是 10^{-8}，即小数点后 8 位小数，类似于比特币的设计。ETP 可以在元界上转移和交易，安全性由椭圆曲线数字签名算法（ECDSA）保障。

ETP 并不是数字货币，它代表的是元界智能资产的股权，或者作为金融交易中的一般担保物。因此，ETP 的价格不会锚定任何法定货币或者加密货币，例如比特币。与此同时，当使用元界系统需要收费时，将是以 ETP 的形式进行收费，例如创建一种新的智能资产，注册一个 Avatar，或者申请成为一名 Oracle。

维优-元界于 2016 年 8 月 5 日在币众筹平台开启众筹，目标金额 1000 万元。按照众筹规则，参与众筹的支持者获得不同等级的会员身份以及相对应数量的元界代币，相关细则见图 4-5。

2. 代币的分发机制

在区块链领域，区块链上市（Initial Coin Offering，ICO）机制是代币分发的常见和默认方式。2014 年 1 月，Bitshares 项目开始了为期 200 天的 ICO；2014 年 7 月，以太坊项目发起了惊人的 25000 枚比特币的 ICO；之后的 2016 年有 DigixDAO 项目和 Lisk 项目也分别发起了 ICO，还有充满争议的 The DAO

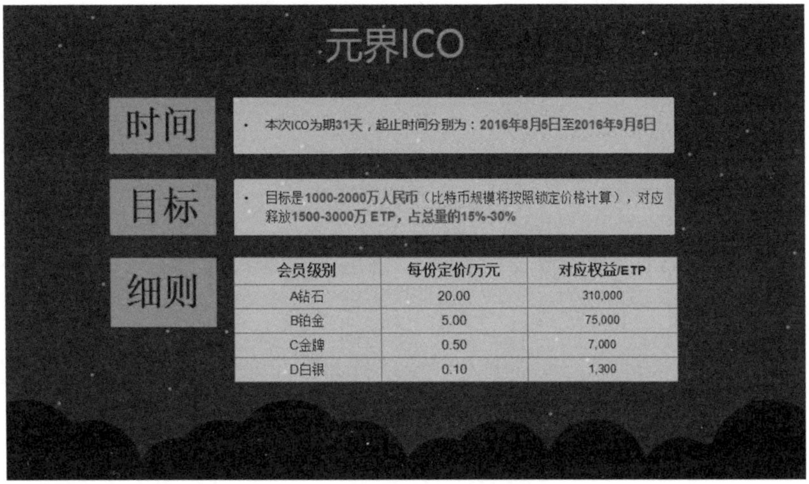

图 4-5　维优-元界的众筹细则

项目。国内的“小蚁”项目也在 2015 年 10 月成功地众筹了 2100 枚比特币。

Metaverse 项目的 ETP 将会通过两次 ICO，向外界分发 1 亿枚总量的50%~60%。其中 2016 年 8 月的首次 ICO 会分发 20%~30%，而第二次 ICO 将在 Metaverse 的客户端（钱包）和区块链底层完成之后启动，分发 1 亿枚总量的 20%~30%。剩余总量 40%~50%的 ETP 将通过 POW（Proof of Work）机制以区块奖励的方式分发给系统安全的维护者，这个过程或称为“挖矿”。

3. 代币的微通胀

ETP 是 Metaverse 这个 DAO 的股权代币，它不是流通货币，因此 ETP 不应该有通胀。但是考虑到代币在使用过程中的各种自然损耗，包括意外丢失、忘记密码或者持有人自然死亡等，这将使得 ETP 存量不足的问题日益严重。在以太坊的白皮书中，Vitalik Buterin 提出来一个代币丢失率的预测，他认为每年将有约 1%的丢失率。为了保障系统代币具有足够的流动性，并且让 Metaverse 能够容纳更多的数字资产，元界设计了一个线性微通胀的经济模型。在 POW 阶段结束之后，每年将由系统发行 400 万 ETP 投入到系统中进行流通，并且不难预见的是，最初几年的通胀率约为 4%，然后这个通胀率将越来越小，等到达与 Vitalik 预测的 1%年损耗相等时，将保持动态平衡。

4.5 实时保险

4.5.1 实时保险的定义

保险经纪公司可以根据存储在区块链上的保单创建对应的智能合约，合约上包含具体的支付方式和合约执行的前提条件。无须投保人申请理赔，也无须保险公司批准理赔，只要触发理赔条件，保单自动理赔，支付理赔金额。实时保险的核心是自动结算索赔。

4.5.2 实时保险的特点

实时保险具有以下六个特点。

第一，利用区块链技术储存记录，原始数据不可更改，即使发生了更改，更改行为也会被记录下来。

第二，当有索赔发生时，保险调查员可以核查索赔，并在区块链上记录调查结果。这样整个保险流程就像是一条流水线，可以降低时间和人力成本，同时减少了投保人接收索赔的时间。根据英国民航局的数据，自 2014 年 5 月至 2015 年 5 月，共有 55.8 万乘客没有因航班延误或者取消向保险公司申请理赔，申请理赔的人数不到 40%。如果智能合约能有效实现，将大幅度地保障投保人的权益，增加满意度。

第三，公平公正，防止欺诈。自动结算索赔机制使得所有被保险人均能享受到应有的保险金额，确定保险公司不会偷偷更改投保金额、索赔和结算等记录，同时使得支付给投保人的保费额度符合程序。

第四，智能合约将使承保人和再保人明确索赔记录和相互的责任。

第五，基于区块链的保险政策能够在满足第三方公证的条件下利用智能合约自动支付索赔，及时决定而不需要人为理解，使得欺诈和索赔的处理成本降低。

第六，保险行业通过区块链技术可以数字化管理个人数据，简化信息认证，更清晰地披露历史情况，保险公司和个人之间的关系将变得更直接、更有效。数字化带来的无纸化的运营还将降低保险公司的管理成本。

4.5.3　实时保险应用案例

区块链本质上来说是一个确保安全、被广泛持有的、保存网上交易账本信息的数据库，这在保险行业已经引起了热烈的讨论。

举例来说，假如你通过区块链技术签订了一个智能航班延误险合约，航班是否发生延误是公开的信息，不会被伪造或者修改，也不依赖于个人主观意识的判断，延误发生了就是发生了。所以一旦航空延误发生后，就会触发智能合约，自动支付理赔。整个保险流程就像是一条流水线，保单能够自动和及时地处理，既实现了高效的理赔，同时也减少了保险公司的时间和人力资源，减少了投保人接受索赔的时间，增加了客户和保险公司双方的满意度。

除了航空意外险外，区块链的智能合约对于车险也同样适用。车险主要是为了帮助投保人覆盖因发生事故而产生的修车费用。智能车险合约可以通过网络与车相连并储存在区块链上，一旦车发生事故就会触发合约，开始进入理赔阶段。在智能合约里，可以事先指定修车地点，这样就能确保投保人不会自行选择昂贵的维修厂，为保险公司控制理赔费用的支出。基于区块链的保险政策能够在满足第三方公证的条件下利用智能合约自动支付索赔。如果有可能获得及时的决定而不需要人为理解，欺诈和索赔的处理成本也会下降。

2016 年 3 月，Safeshare 保险公司推出了针对“共享型经济”的实时保险服务。“共享型经济”商业模式中客户和服务提供商在不断地改变，没有现有的按需保险政策来为他们提供保险项目，这是因为这些企业中存在着可变因素，使得传统的设置难以保持追踪。但区块链技术结合智能合约不仅会使追踪过程变得容易，同时它也将使得保险机构签发的理赔更加有效率。2016 年 5 月，英国再保险公司 Blem 发布了基于区块链的索赔信息记录系统。该系统能永久地记录索赔信息，帮助保险公司以及再保险公司准确地平分它们之间的费用。系统最重要的性能是可以提供时间戳记服务，保证信息不会被篡改。

4.5.4 实时保险的前景

在保险行业，区块链开发仍处在初级阶段。风投数据公司 CBInsights 的 Matthew Wong 表示，区块链最有可能应用于下一代的互助保险公司。“许多保险公司还处在探索阶段，而且目前也没有许多保险行业的区块链初创公司。”

区块链技术在保险领域的应用仍处于初级阶段。英国是第一个把分布式账簿技术引进保险行业的国家，目前伦敦已经有好几个保险公司在使用这项技术研发产品。无数初创企业正在努力降低区块链技术的复杂性，这将帮助它快速普及。区块链技术不是一个完整的解决方案，而只是未来保险业形态的一部分。区块链技术仍在探索发展中，对未来的进展，我们拭目以待。

第5章　区块链金融的未来之路

2013年，比特币经历了过山车一样的大起大落。2013年年初，比特币价格约为13美元/枚，到当年11月时就已经飙升至1242美元/枚，堪与黄金比肩，而期间的巨幅震荡也令人心惊胆战。随着丝绸之路2.0的关闭和“庞氏骗局”的传言，各国政府的纷纷表态，比特币被正式推向了大众面前。在这之后，比特币的圈子分成了泾渭分明的两个派系：一派是“币宗”，认为比特币更“时尚”，坚持比特币的正统；另一派是“链宗”，认为区块链更“迷人”，脱离了比特币的区块链更具潜力。

2014年10月，在伦敦大英图书馆举行的盛宝银行辩论会上，300多位来自传统金融界的专业人士参与了会议，其中一个小组讨论的主题为“金融科技的爆发对于金融服务业来说是机会还是威胁”，区块链借此机会正式从比特币的幕后走到了台前，引起了金融界的重视。2015年9月成立的R3CEV联盟，在短短3个月内便吸引了包括高盛银行、摩根大通银行、巴克莱银行在内的国际巨头银行，包括北美、欧盟、日本、澳大利亚等区域的共计42家国际银行机构加入，迅速掀起了区块链行业的热潮。

区块链技术虽然已经发展了几年，全球各大银行、非银行金融机构、初创企业、政府都在热切关注并且潜心研究，但能够落地的成熟案例仍然不多，而比特币网络新旧版本冲突引起分叉、Mt.Gox比特币被窃、The DAO被盗以致硬分叉等事件，无不昭示着区块链技术尚未成熟。根据Gartner公司在2016年7月发布的《Gartner 2016年度新兴技术成熟度曲线》，区块链作为首次进入曲线的新兴技术，已经进入技术成熟度曲线的第二阶段——期望膨胀期。区块链技术被愈发热切关注，开始有了许多成功的故事，不过也有很多失败的案例成了炮灰。政府和监管部门开始重视区块链，相关的法律法规也即将出台。

据 Gartner 预测，区块链走向成熟还需要 5~10 年的时间，然而技术的发展有时候会超出我们的想象。尤瓦尔·赫拉利在《人类简史：从动物到上帝》一书中写道：“历史一再让我们看到，许多以为必然会发生的事，常常因为不可预见的阻碍而无法成真，而某些难以想象的情节，最后却成为事实。”人类的确没有像第一次载人火箭发射时确信的那样，在 21 世纪初就移民火星，但互联网却已经迅速发展，渗透并改变了人们生活的方方面面。区块链的颠覆潜力虽然还不为大众所熟知，却必将对金融业产生深远的影响。

5.1 区块链对全球金融业的影响

区块链与比特币共同诞生，相辅相成。比特币的区块链网络是最早的区块链应用，即第一代应用，也是最纯粹的区块链、最极端的去中心化和最透明的自治系统。脱离了比特币的区块链被最先应用于货币层面，层出不穷的区块链竞争币、跨境支付的研究和实验案例，无不昭示着区块链在货币领域的可行性和巨大潜力。第二代应用则是基于区块链的自治特性，将传统合约迁移至区块链上，使合约能够根据预先植入的代码自动执行。而在政府治理方面和即将到来的物联网时代，关于第三代区块链应用，人们已经进行了土地登记、房屋登记、婚姻登记和智能电网等设想和尝试。这些区块链网络，不再是最纯粹的区块链，是增加了协议和分层的创新区块链，而正是这些创新使区块链能够更加契合现有的金融业需求，在金融科技的道路上走得更远。

5.1.1 助力自金融的发展

金融就是资金的融通流转。在历史上，随着经济的增长和投资消费的升级，人们产生了借贷的需要，而又由于借贷双方的信息不对称，催生了对金融中介机构的需求。一家家银行因此成立，来吸收居民存款，并有效管控风险。风险控制也因此渐渐成为一门学问，发展成为现今非常复杂的金融工程技术。在资金流转方面，为了保证账目真实可信，也采取了一系列内部控制和外部审计的方式，极大地促进了世界经济在过去几百年里的发展。

然而，这种模式也渐渐出现了问题。在科技日新月异、技术冲击频频发生、世界经济呈指数级增长的今天，居民的金融服务需求也在爆发式增长，也更加复杂化和多样化，传统金融机构渐渐感到难以招架。这些不断滋生的需求催生了金融科技的发展，而金融科技又反过来促使如今的“中介金融”逐渐发展为“自金融”。

1. 区块链的金融不对称解决方案

目前，全球金融科技各项前沿技术在发展过程中仍处于较早期阶段，因此各类风险事件频频发生。截至 2016 年 8 月，全国 P2P 网贷平台跑路已接近 2000 家，比重接近 47%。2016 年 5 月，Lending Club 爆出贷款丑闻；同月，区块链被指为中国骗局；2016 年 6 月，The DAO 被攻击，价值超过 6000 万美元的以太币被盗。对此，社会各界都非常重视。然而，这些问题不单单是金融科技的问题，传统金融也有银行坏账频生、供应链金融重复质押仓单等弊端。我们认为，问题的根源在于金融的不对称，主要表现在以下三个方面。

第一，金融信息的不对称。从前，车马很远，书信很慢，人们的信息匮乏，获取信息的途径少，一位初来乍到的外乡人就很难令人判断是否值得信任。后来，互联网技术带着大量的信息而来，想要解决信息不对称问题。然而，随着人们触网时间越来越长，数据呈现爆发式增长，网络数据现实性和有效性的不确定，却导致了更大的信息不对称。股民可以上网查到企业的基本信息和财务信息，从而产生对股价走势的判断，也可以通过分析历史走向做出技术分析。然而，在互联网上积累了大量信息之后，有一部分是股价上涨的信号，另一部分是股价下跌的前兆，这些信息之间又会相互影响，共同作用。利润率、现金流、行业波动、政策变化、人员变动、客户转换、天气阴晴、假日节日、小道消息，种种信息扑面而来，千头万绪，真真假假，又令人无从判断了。P2P 网贷也是一样，通过 10 条相关信息难以判断违约概率是否在承受能力范围内，而当有 10 万条信息之时，在以此为依据建立的信用模型中，数据清洗和数据建模将会非常复杂和专业，单靠金融科技企业自身很难解决。互联网的发展解决了一部分的信息不对称，却又带来了另一部分的信息不对称。

第二，金融技术的不对称。技术已经成为现代金融的重中之重，国际银行每年投入大量资金用于技术发展。而无论是金融工程技术还是金融科技技术，都在风险管理和降低成本方面起到了重要作用。其中包含风控技术、量化投资技术、信用评级模型等已经是传统金融核心支柱的技术，也包含区块链、智能投顾等传统金融机构正在探索中的前沿新兴技术。已经发展较为成熟的核心技术在特定机构的成功与否取决于很多自身因素，如策略和战略因素、管理和内控因素、历史数据库数量和质量因素、经验因素等。一些发展较久、资本量大、拥有大量经验的大型国际银行就有更高的概率在技术上胜过中小型金融机构。面对新兴技术，资本雄厚的国际银行可以砸重金成立研究部门去探索，并且对不断试错有很高的容忍度，也可以收购、入股较为成功的初创企业，从而在行业中占有一席之地；而中小银行或者金融科技初创企业在资金、风险承受能力、管理成熟度方面或多或少都有一些不足，难以像大型银行那样抢占先机。

第三，金融账务的不对称。现代金融虽然发展出了例如信息披露、独立审计、内部控制、钱账分离等很多制度、规则来保持财务公正，但信息的不透明仍然存在，财务记录仍然难以自证其信。传统的财务系统难以证明现金流向是否确如记录，即使经过独立审计，付出了高昂的信任成本，也仍然存在欺诈和丑闻。向投资者提供的财务信息的独立性、客观性、公正性的需求，受到了经济利益、关联关系、循环评价、外部压力等威胁。在一个能够真正使账目对称的解决方案出现之前，只能是多方防堵，然而人性的贪婪不止，如何自证其信，是建立信任社会的重大而深远的问题。

区块链技术的出现为上述三大金融不对称问题提供了非常及时的一项解

决方案。

区块链作为比特币的底层技术，具有天然的会计属性。它建立了一个以比特币为数字计量单位，以时间为序列的经济信息系统，通过全节点行使核算和监督职能，按照一系列事先植入的特定算法进行经济管理活动。

区块链金融解决方案则是在纯粹区块链的基础上，建立多中心化的分布式网络，通过植入特殊协议使区块链网络分层，不同层次有不同的访问权限，不同节点也有不同的权利和义务。建立在区块链上的数据存储和智能合约，不管是信用记录、保险理赔、银行借贷还是资产交易，都能够及时记录真实准确的披露信息和风险状况，不实和不相关信息会被系统自动剔除，拒绝写入，信息不对称的问题得到了很好的缓解。

区块链上记录下来的信息，也因为具有极高的相关性和准确性而具备更高的技术分析价值，并可对金融机构风控模型做出改善。监管部门的访问权限使随时查看风险和合规状况成为可能，确保了初创公司不会发生重大违规事件和决策道德风险。由于区块链上可以建立智能合约，一些较为标准化的产品合约（如衍生品交易），直接写入区块链自动运行，在技术和专业性上弥补了中小型企业的不足。

在财务信息方面，区块链网络不仅具有天然的会计属性，还行使了良好的审计职能。区块链系统的自治性在极大程度上降低了人为干扰，自主运行的系统不会因为某几个不诚实节点的合谋而被篡改，因为只要这种篡改所利用的运算能力不超过全系统 51% 的运算能力，就不会被全部节点所接受。由于算法是客观的，不受人类情绪所影响，即使在有相关利益和关联关系的情况下也能保持独立客观和审慎。区块链的匿名性使企业隐私得到了更好的保护。在合法合规方面，也由于可追溯性和实时验证，能够大幅降低金融业反洗钱、反欺诈方面的合规成本。区块链很好地满足了股东对于审计的独立、正直、客观、专业审慎和保密的需求，能够极大地减少公司对于独立审计机构的依赖。未来的会计行业在区块链技术的作用下，会走向“轻审计”和“自审计”的时代。

2. 自金融的诞生

区块链金融出现以后，金融的三大不对称问题可以得到很好地缓解，将金融向脱媒化推进了一大步。

20 世纪中期，随着资本需求的强劲增长，居民在利率管制等多重冲击下，从银行储蓄资产转移至股票、债券、票据等证券类资产，美国金融市场经历了一场轰轰烈烈的“银行脱媒”现象，打破了从 17 世纪开始的现代银行间接融资垄断，转向通过银行等金融中介机构的间接融资和通过股票、债券市场进行的直接融资并重的局面。然而，这仅仅是个开端，融资从依赖银行转为依赖银行和证券公司，仍然没有脱离金融中介机构。为此，世界经济在过去几个世纪付出了巨大的信任成本。

未来，随着金融脱媒大趋势和区块链金融的应用落地，网络信贷可以自证现金流向，票据系统可以更加透明而利于风险管理，股票发行和交易可以智能高效，这一切的最终指向是“自金融”商业模式的诞生。当区块链金融基础设施搭建成功，金融技术管理成为成熟的行业，任何一个企业或个人，只要有资金量和现金流，就可以自己识别借款人，自己发放贷款、管理金融风险、管理财务账目。而自金融一旦产生，整个人类间接金融史都会成为过去，金融体系将跨越一个巨大的技术鸿沟，发生真正的变革。

5.1.2 银行概念重构

银行是一个历史悠久的概念。人们普遍认为，银行于 1407 年最早成立于意大利的威尼斯，因此英文的 Bank 也是从意大利语的 Banca（板凳）一词演化而来的，意指早期银行家在交易时坐的长板凳。那时候，一些商人经商致富，手里有了富余的黄金，如果暂时用不到，就会把钱存在国王的金库里。但国王想要征用金库里的黄金时，商人们根本无力阻止。后来，人们觉得金库不安全，就纷纷把钱存在了金匠那里，金匠会为商人们开立凭证，商人只要出示凭证就可以提取黄金。很快，商人们就发现，进行商品买卖的时候只需要把黄金凭证交给对方就可以，不用那么麻烦地去提取黄金。再后来，金匠渐渐发现，只要不是所有人都同时来提取黄金，他们完全可以开立更多的凭证，这种方式后来发展为现代银行的“准备金制度”。现代银行由此渐渐发展壮大起来，经过第一阶段的货币兑换业务，第二阶段的货币托管和收付业务，第三阶段的货币存储、收汇、借贷等业务，从货币兑换和经营发展为现在的银行业。现代银行也随着科技发展和金融业深化，演化出了更多非常复杂的金融产品。

不难看出，虽然现代银行业和几个世纪以前那些金匠铺在形式上和复杂程度上有着巨大的差别，但是从本质上讲还是非常相似的，现代银行家们仍然通过管理金钱而获得利益。到了 21 世纪，一切似乎隐隐地不太一样了，先是华尔街银行家们玩坏了自己管理的资产，引起了全球经济的巨大震动，后是科技的冲击、长尾需求的呼吁和共享金融的兴起让传统银行措手不及。一个 20 世纪的关于银行的预言——“21 世纪传统的商业银行将成为一群灭绝的恐龙”，开始引起银行业的重视。

古老的银行业在年轻、有活力、发展日新月异的数字化技术面前，显得如此力不从心。然而，世界万物都是变化的，银行如果能够在以“区块链技术”为代表的金融科技浪潮中抓住机遇，除旧布新，重构自身概念，必将焕发出新的光彩。不仅仅是区块链，智能投顾、大数据、虚拟现实等种种前沿的新兴技术都能够帮助银行实现概念重构，从货币资产的管理者变成全新的角色。

1. 数据守护者

在 21 世纪，数据被誉为新的金矿。从前，信息传递较慢，只能靠印刷材料记录数据，体量也非常有限。进入 21 世纪，信息技术飞速发展，全球的数据体量开始呈指数级增长。根据 IDC 发布的 Digital Universe 数据报告，截至 2013 年，全球产生了共计 4.4 ZB[1] 的数据体量，这个数字还在以每 2 年翻 1 倍的速度增长着，到 2020 年，将达到 44 ZB。到那时候，数据字节将和宇宙

[1] 泽字节，计算机术语，1 ZB 代表十万亿亿字节。

中的星星一样多。

不仅仅是数据体量，近年来，数据的利用率也在逐年增高，从而产生了越来越多的价值。银行作为传统金融机构的重要组成部分，在几百年的运营过程中积累了大量真实可靠的数据和大量数据处理经验。银行数据的真实性、金融相关性、价值性均具有较高水准，如何在数字化时代更好地维护和利用这些数据，使其绽放出更大的吸引力和价值，也帮助自身完成数字革命下的创新发展，是银行站在21世纪这个历史转折点上最应该思考的问题。

金融科技的兴起和初创企业的冲击使银行不能再像从前那样垄断市场，继续高枕无忧。从制造业到服务业，各个分支领域都在进行创新发展，新的业务模式和产品层出不穷，金融脱媒化的趋势也愈演愈烈。传统银行在创新和客户交互方面变得越来越被动，初创企业却在这些小而美的领域越做越精，在市场上慢慢占有一席之地。

传统银行在历史数据和风控方面有着初创公司难以比拟的优势，银行需要抓住这一优势，扬长避短，将最核心的部分做得专注而极致。未来银行应该是数字化的，银行的重要资产之一就是数据，通过将这些数据进行细分和整合，使其产生更大的价值。而其他业务和服务需求则可以通过外包的方式，让更专业的第三方服务商以接口的方式提供，即插即用，便捷而高效。

作为数据守护者，未来银行的发展方向将主要体现在以下三个方面。

第一，根据不同客户和领域细分和充分利用数据，使现有业务更加简洁高效。建立联盟区块链支付系统，在跨境交易越来越频繁的今天更能符合商业需求。后台风控和反洗钱、反欺诈等合法合规系统可以在区块链网络上建设成为智能运作和实时监控系统，不仅能够降低合规成本，还能简化合规程序，更加符合监管要求。利用现有的数据库，可以建立不同年龄、不同价值、不同需求的客户群，根据越来越多的网络银行数据分析和开发创新产品，将有细分客户群的标准化产品建立在智能合约上，产生更酷的用户体验。

第二，现有银行业务有相当一部分缺乏可靠数据库，造成业务风控成本居高不下，因此银行可以根据自身已有的数据，利用行业核心优势，整合互联网资源，建立真实可靠的联合数据库。例如，在中小企业征信和个人征信领域建立区块链征信数据库，将还款能力评估和变动以及违约记录等都打上时间戳，使其成为不可逆转的记录，这会对银行金融服务的风险管理产生巨大的影响。在其他很多领域（例如商业票据、抵押品管理、积分平台等）都可以建立统一的数据库，使欺诈和违约的概率大大降低。

第三，随着纸币使用率在未来越来越低，金钱基本上都会以字节的形式存在于银行账户之中，数据安全的守护将变得越来越重要。银行的一大重要职责就是守护这些数据的安全，而区块链能够以事先植入的交易算法，引入证明机制，自证其信，从而杜绝双花问题。随着技术的不断进步和发展，区块链技术必将迎来成熟的一天。届时，区块链将以自身的安全性帮助银行守护数据安全，守护私人财产安全。

2. 服务提供者

很多银行仍然在以传统的方式提供金融服务，业务流程冗长僵化，服务意识不佳。如今，除了数据之外，客户体验也是银行的核心竞争力之一。愿意去银行网点办理业务的人越来越少，尤其是都市“新潮、忙碌、精英”的年轻一族习惯了快节奏的生活和网络购物的便捷，更加喜欢移动客户端带来的简单快捷的体验。而不得不去银行网点办理业务的人群对网点服务也并不十分满意。如何提升服务竞争力，提高品牌效应，圈定目标产业链和客户，在竞争日益激烈的金融市场屹立不倒，是普惠共享金融时代银行的重要战略布局。

传统银行需要实现差异化战略布局。在深入市场调查和数据分析的基础上，建立细分的客户群体，通过网络途径创建更高知名度的品牌效应。区块链网络可以帮助中小银行在细分领域快速占领市场，提升公信力，打造自身差异化竞争能力。例如，贵阳瀚德创客金融投资有限公司和深圳农村商业银行联手打造了全球首个 SPV 票据链。大银行则可以建立行业联盟链，整合行业资源，进一步巩固自身地位。

区块链和建立在区块链上的智能合约能够重构银行业务流程。银行的未来在移动端，产品也在大众需求下向极致简约的方向发展。银行在移动端推出的一系列标准化合约产品可以通过智能合约的植入实现自动化操作。其他业务也可以建立智能合约，通过自动访问数据库来确认，减少一系列不必要的授权和审查环节，将现有流程变得高效、简洁和省时。例如，通过建立全球质押品管理链，银行在接到质押贷款或信用证开立的业务时，就可以直接接入网络确认，减少了很多时间成本和人工成本。

创建银行分布式管理的创新经营模式。在以区块链网络为基础的银行系统架构下，银行将形成一个新的分布式管理机制，向扁平化的趋势发展。银行的层级将被削减，中心化的机制将被弱化和分散为多中心的银行机制，而以多中心为基础的次级机构也具有一定程度的自治性。此外，将客户意见汇集起来并在此基础上进行产品研发，转变现有机制为适应客户需求的产品定制机制，能够更加迎合客户需求，增加客户黏性。

3. 人性关怀者

在现今这个追求平等、自由、共享的时代，银行业也需要在服务方面做出改变，多一些人性的关怀。通过满足不断变化的客户需求来改变自身经营方式，成为简单、亲切的服务机构，提供便捷、快速的银行体验。例如，ING Direct 通过线上直销和线下咖啡馆的模式，提供低门槛、简单的自助产品。咖啡馆色彩明亮温暖，服务人员都是经过特殊培训的理财顾问，能够用简洁易懂的语言在不使用术语的情况下和客户交流，并向客户提供印有品牌标识的纪念品。

银行转型需要具备普惠金融的初心。在自由、共享的社会和经济背景下，普罗大众的金融需求变得越来越多样化，这些需求在互联网技术的进步下正在慢慢得到满足。银行在建立了区块链征信体系后，通过智能合约将信贷条款植入，使违约成本增加，银行风险管控更加容易，银行就能够给更多目前没有覆盖到的人群提供金融服务。例如，一旦消费贷款出现违约，区块链网络立刻将情况写入，并自动锁死车、房等抵押资产的智能锁，向债权人通报 GPS 定位，等待债权人来收取质押物。

银行需要将自身打造为客户的财富管家。在银行找到更加细分的目标客户群和行业链之后，就可以提供更多的高附加值服务。例如，植入智能管理的标准化资产合约，将家庭资产分类管理，部分进入固定储蓄，部分进入投资，部分用于日常开销预算；植入预算管理、家庭账户管理等功能，便于财富的智能管理。对于企业客户，也可以根据现金账户规模的大小设立不同的资金池，将企业资金自动转入以获得更高收入。

人性关怀的基础是提供人性化服务。21世纪，自由、平等、共享的人性被释放，客户的需求也在飞速转变，银行不应该再是长时间的排队、苛刻的条件和冗长的程序。在区块链和智能合约日渐成熟之后，更多的银行产品能够被移植到区块链网络之上，以智能合约的形式执行和推进，客户的财产更加安全，银行的服务也会更加便捷高效。而通过线下银行提供像咖啡馆这种亲切、时尚的服务方式，灵活变通的服务流程，可以真正满足客户需要，以人性化标签推广自身品牌才是未来银行的价值和情怀。

银行正处于一个历史的转折点之上，在金融科技的冲击下必将产生大的重构与组合，不能适应转变的银行也许会成为21世纪的恐龙，从此灭绝并成为历史，而借助金融科技力量创新发展的银行将主导未来的银行模式，绽放出新的光彩。

5.1.3 中心化VS去中心化

随着Web 2.0模式的兴起，用户主导型的互联网产品生产模式催生了去中心化、开放、共享等互联网特征。互联网上的内容发布从中心化的机构、媒体，变成去中心化的个人、小群体，由全体网民共同参与和制造。随着移动互联网的兴起，去中心化更是得到了长足的应用，成了移动互联网的新关键词。近几年来，区块链技术以最极端的去中心化为世人展示了自己独特的魅力。去中心化的概念在讨论区块链技术对金融业的颠覆性时被频频提及，似乎中心化的金融机构已经岌岌可危。在金融业去中心化的呼声随着区块链的热度水涨船高的同时，质疑的声音却也源源不断。

1. 对去中心化的质疑

对去中心化的质疑主要集中在以下三个方面。

第一，去中心化带来的监管困难。在纯粹的去中心化的网络中，每一个节点的权利和义务是完全相同的，试图将一些节点作为区域化管理机构，赋予超出一般节点的特殊权利是不可行的，也与去中心化的理念相悖。而一个巨大的全球化区块链网络，例如比特币，也超出了世界上任何一个行政辖区的管理范围。由于任何一笔比特币交易都将面临一个或多个国家的监管规定，从而使交易变得艰难，其魅力也大大削减。早期，在未引起监管当局注意、完全在监管之外的阶段，纯粹的区块链因为其完全的去中心化和完全的匿名性，为非法交易提供了便利，走私、贩毒、恐怖主义分子纷纷利用这一特点找到了新的交易途径，例如在 2013 年被查封的黑市交易网站丝绸之路 2.0 采用了比特币作为虚拟货币进行交易，对于想要非法在线买卖毒品的人，比特币是必需之物。由于丝绸之路 2.0 利用比特币进行交易的主要是海洛因、大麻等违禁品，很大程度上引起了监管当局对去中心化货币的质疑和打击。金融领域是一个需要严格控制风险，需要强监管的领域，区块链的去中心化带来的监管困难使得区块链金融的应用进退维谷。

第二，去中心化挑战现有价值观。现有的金融机构是中心化的，商业结构是中心化的，国家主权和监管机构也是中心化的，而去中心化无疑是在挑战这些中心化机构的权威。区块链主要是由无政府主义者创造出来的，是一个摆脱中心化的货币机制的社会实验。去中心化的想法存在了几千年，很多人因为想要摆脱控制而做出了许多努力，这些努力有些获得了成功，更多的却失败了，因为人类社会的顶层价值观是需要一些中心化的机制的。随着或自发或精心安排的原因建立的政治秩序逐步成型，国家机制因此成立；500 年前西班牙人对黄金的痴迷传染给了全世界，成为资本主义世界的价值信仰；除此之外，宗教作为一种无国界的人类规范和价值观系统，也是第三种让人类统一的力量。在这三种中心化的力量之下，人类是需要“管制”的，细化来说就是需要监管的。金融是需要监管的，不然会有欺诈和违约；政治是需要监管的，于是绝对中心化的军队和法律系统被成立；宗教也是需要监管的，在教义之下有众多的神职人员。除此之外，世界上几乎所有或大或小的团体和组织都离不开中心化的权利和义务分布。中心机构似乎并没有动力将自己的权利平均分散，因此区块链要想被金融体系接受似乎有着重重壁垒。

第三，去中心化的建设面临着高昂的初期成本。去中心化的区块链是一种改变底层架构的颠覆性技术，与现有的层层监管的中心化金融体系是两种完全相悖的价值体系。整个 600 年的人类金融史，都是以间接金融为主的历史，是作为金融中介机构的银行的发家致富史。许多国际银行巨头已经形成了大而不能倒的格局，而这些银行的分支机构往往遍布全球，控制着重要的经济命脉，环环相扣，牵一发而动全身。区块链改变金融底层架构的模式无异于推倒重建，但全球金融机构发展至今已经有一套非常成熟的基础架构用于日常运营和风险控制，例如世界上大部分金融机构都在使用 SWIFT 系统，又例如每一家金融机构都有一套成熟的基于大量历史数据和实例的风险管理系统。这些系统都还在正常运转，并且成本高昂。无论是重建金融机构的基层技术架构，还是颠覆性地重组金融业格局，都将面临一个非常高昂的、超出任何单一企业承受范围的初期成本。在某种程度上又可以说，去中心化的结果意味着传统金融业靠信息不对称来赚钱的历史要成为过去了。这样投入巨大又没有更高预期收益的事，从资本的角度来说大约是不会感兴趣的。

2. 分布式的愿景

极端的中心化和极端的去中心化都是不可取的。人类发展史上最极端的中心化也许就是历史上的帝国了，过去的 2500 年里，专制帝国一直是最普遍的政治模式，像阿卡德帝国、古罗马、希腊、阿兹特克帝国、大英帝国和大秦帝国等。皇帝作为“上天”挑选的最优秀的代言人，获得了“上天”赋予的“天命”，行使着“上天”的政治权威，成为帝国唯一的政治统治者和绝对的中心。想要推翻这一绝对中心的人通常都以失败告终，而在少数政治分裂年代，仍然人心思定，追求这种中心化的统治。这种思想在几千年的中国封建发展史上成为最高思想，即使是各方势力割据，各自为政，都不安于偏居一隅，一心追求统一。

历史的进程推进到现在，一股去中心化的价值观悄然兴起，并取得了一定的地位。从国家体制的民主化，到商业体制的扁平化，再到 Twitter 等分布式的社交网络的兴起，最后，纯粹的区块链网络比特币搅动了金融业的一池春水。去中心化在过去的努力和改革中，大大提升了社会的自主、自由和共享程度。

然而，中心化的进程仍然存在并且正在继续推进。例如，全球变暖、冰川融化等种种因为自然环境带来的全球化问题，正在全面侵蚀每一个国家的资源和环境，也迫使全人类联手解决臭氧空洞、温室气体、海洋污染等问题。任何一个国家都无法仅凭一己之力来解决这种全球化的环境问题。实际上，并不仅仅是环境问题如此，全球的政治、经济等各项政策都在相互影响，全球非政府组织的标准的建立、国际私法的干扰，这一切的相互作用使得任何一个主权国家都不能自说自话地制定政策，更不可肆意发动战争。科技的发展拉近了世界的距离，在降低了沟通成本的同时，也模糊了国家本身的主权疆域。

如果把中心化程度和效用做一个比较，从“巫术”经济学和拉弗曲线的视角，中心化程度和国家征收的税率一样，将是一个更加普遍的概念。在抛物线形状的拉弗曲线当中，完全的去中心化和完全的中心化都将带来最低的效用，在这两点的基础上，稍许的中心化或去中心化改变都会带来效用的增加。直到到达中间的某一点上，效用被最大化。

区块链就是这样。比特币网络的区块链并不适用于现在的金融业基础架构，我们可以进行一些创新和改进，使区块链金融更加适用于现有体系。在区块链网络中植入一些保护协议，例如银行需要的隐私保护协议、证券公司需要的衍生品智能交易协议等，并且将节点分层，不同的节点有不同的权限和任务，形成一些弱化的中心，在这些弱化的次级单位中可以是自治的。系统访问和权限可以分为三个层次：第一个层次，数据访问权限。这个层次的使用者为公司内部员工，可以访问和记录公司的财务和交易数据，并进行内部审计，通过平台内的插件实现。第二个层次，插件调用权限，通过系统 API 实现。这个层次可以用于银行等第三方机构接入，银行可以访问部分信息以确认交易的真实，但是在隐私保护协议下，银行看不到更多的公司机密信息。第三个层次，监管和数据分析访问权限。该层次被用于工商行政管理局、审计公司、股东等重要利益相关者访问公司重要财务数据。监管机构可以实时进行监管，以减少违法违规行为。

这样一来，我们可以建立一个“平衡中心化”的金融系统，这个系统将具备这样一些特征：首先，系统是多中心的，以前的少数中心被打散成为多个中心，这些多中心的功能也被弱化；其次，在多中心的结构下有一定程度的自治性；最后，多中心之间、节点和节点之间形成一个立体网状结构，存在相互影响的作用。

事实上，世界是一团混沌，我们既无法对过去做出真实解释，也无法对未来做出准确预测。有的事是一级混沌系统，不会受到预测的影响而改变，就如天气，无论我们做出何等预测，都不会对天气产生影响。社会经济中更多的是二级混沌体系，如去中心化程度带来的社会福利，同一时间会有来自各方面的力量，这些力量相互牵制和影响，一个微小的波动都会引起巨大的改变。因此，去中心化程度和社会福祉的关系并不会像拉弗曲线那样是一个简单的平滑单峰状，也许是一个像市场波动一样的振荡曲线或者三维曲面，更或者要用更前沿的数学模型才能模拟。但是，在任何领域，一点去中心化的改变都可能会提高社会福利，但一旦我们不小心越过了那个最高点，就又需要中心化一点，总在寻求一种平衡。古老的金融业系统显然已经过于中心化了，我们需要一点去中心化的技术来推动金融业达到更高的平衡点，这个技术就是区块链。

区块链可以迫使社会或经济活动的治理能力进入更成熟的阶段，我们已经习惯了现今的中心化治理模式，就像过去君主立宪时代的人们不习惯一个民主制的治理方式，现在我们也还不习惯用分布式技术来管理我们的生活。当区块链真正大面积落地并改变人们生活的时候，我们会逐渐接受新的理念和新的行为。这一切都在悄悄发生，媒体行业已经被重构，博客已经实现了去中心化，制造业也逐渐接受消费者的需求订单，整个社会的价值链因为技术的成熟呈现出长尾和主体并重的局面。比特币虽然是一个货币的去中心化革命，但仍然面临着一些中心化的趋势，挖矿竞争的愈演愈烈使个人“矿工”渐渐失去优势，只能积小流以成江河，以矿池模式集合运算能力。一些少数的矿池随着“矿工”的偏好依附将越来越大，逐渐逼近51%的运算能力阈值，将会导致一个能够控制全网的中心产生。在金融领域，很难想象去中心化会发生在政府和金融这些中心化的权力机构身上，然而我们有理由相信，在中心化和去中心化两股力量的相互作用下，整个社会的成熟度必将成长，真正的权威来自全人类，而不是某个特定的团体，而人类治理的方向也将是保护全人类的利益。

5.1.4 监管的去金融属性化

我国进入经济新常态已经几年了，在传统产业面临挑战的同时，服务业和创新型产业迎来了一波又一波的风口，正面临着前所未有的机遇。不仅仅是“互联网+”成为经济新常态的时代特色，跨界和产业融合也是产业创新的一种时尚。移动互联网、大数据、云计算、区块链、人工智能，越来越多的创新科技对中国经济、社会和人们的生活产生着强烈的冲击，科技界和金融界的创新融合必然会成为历史的趋势和未来科技金融的常态。

在过去的两三年里，我国金融科技的发展状况和趋势很大程度上是与互联网和移动互联网的浅层次融合，利用互联网技术的优势去除金融服务的物理局限性和时间局限性，在渠道、产品和客户群体方面进行多元化的升级、延伸与创新，本质上仍然属于传统金融服务和传统产品属性。由于技术、风险和监管的局限性，并没有形成一个独立而稳定的金融生态圈，互联网金融在金融业的市场竞争中仍然占据较少的市场份额，但在一定程度上搅动了传统金融业的一池春水，促进了传统金融机构的互联网化升级。

而在区块链、人工智能等“黑科技”渐渐找到金融业的融合之路之后，古老金融业的传统运行模式正在发生改变，而正是由于这些从下而上的改变方式，更容易被人们看作颠覆性的改变。未来的区块链金融是信息更加对称、更少虚假与欺诈、更加去信任化和更加智能的；在产品和服务方面，也会有越来越多前所未有的创新。在区块链技术所构建的未来智能社会当中，诚信将是“诚信者的通行证”，而欺诈则会成为“虚假者的墓志铭”。间接融资的时代将会渐渐转变为半直接融资，进而进入自金融时代，传统金融机构的地位被重构，经济体找到弱中心化的平衡点，现在发生的一切都可能是下一代金融业革命的前奏。

对于监管机构来说，一切的创新和发展都需要时间的检验，监管永远是滞后于产业最前沿的实践的。然而，为了协调科技金融的蓬勃发展和有效监管，监管机构应该具有前瞻性的战略眼光和清晰的监管思路。因此，监管当局更应该密切关注正在发生的变革和创新，找出其风险核心，从而紧抓当下科技金融的主要监管矛盾。

从本质上讲，未来的科技金融和现有的金融体系是有所不同的。现有的金融体系是基于 600 年的间接金融史发展进化而来的，越来越趋于复杂化的金融产品也难掩其间接金融的本质。而金融科技则使直接金融成为可能，区块链技术的自证其信、智能合约的自主执行，都使得未来科技金融的信用风险和操作风险逐渐降低，风险管控越来越多地转向系统性风险、技术性风险和法律风险。对于监管机构来说，最重要的是看清科技金融的本质。在过去的几年中，科技金融的本质未变，它还是金融，因此监管也应遵循金融属性；而在未来的科技金融趋势中，产品的本质在改变，这对监管机构最大的影响就是监管的去金融属性化。

传统金融业的潜在风险主要来源于信息不对称风险、信用风险和流动性风险等，这些金融风险在未来的科技金融中将会被大大减弱，主要表现在以下三个方面：第一，信息对称性将会提高。区块链系统大大减弱了网络虚拟性带来的身份认证、资金流转、信用评级方面的不对称性，在区块链网络中，虚假信息和无效信息会被自动拒绝写入，每一笔交易都会被永久保存，每一笔资金都可追溯。监管机构可以实时接入，实时监管，监管有效性大大提高。第二，金融信用风险也会降低。在未来的金融市场中，征信业务是重中之重，无论是企业征信还是个人征信，区块链都有助于真实有效、不可篡改地建立征信数据库。并且，区块链智能合约还可以将抵押借贷合同编写为计算机算法预先植入，抵押品不能被随意买卖，一旦发生违约，抵押品所有权立刻转移，保障大大提高。第三，流动性风险将得到控制。在互联网上，跨界和联动导致资金流转速度非常之高，而在资金的快速流转中，任何一个环节出现问题，都会导致多米诺骨牌效应的连锁反应，继而引发系统性风险。在未来，更多的金融区块链网络被建立之后，资金的融通更加透明、可追溯，有利于建立智能风控管理，及时进行流动性预警。同时，金融效率的大大提高可以减少因为效率导致的到账不及时，使资产的时间价值得到更加充分的利用。科技金融是走在创新前沿的，有一部分新兴业务一定是现有的法律和政策所没有涵盖的，而在政策和法律的调整过程中，科技金融的金融属性将会慢慢削弱。

与监管的金融属性的减弱相对，技术属性将渐渐增强。科技金融将区块链、大数据、人工智能等新兴科技引入了金融系统的架构、产品和服务当中，有助于降低运营成本和合规成本等成本，同时提高了资金运作和风险管理的效率。但是，这些技术同时带来了技术性风险：一方面，信息技术的安全性风险提高；另一方面，潜在的系统失败或程序漏洞风险也会引起重大风险。比特币发展过程中的若干被盗事件足以提醒我们，区块链技术还不完美，隐私保护、数据安全、身份识别、信息处理等科技特有的技术性风险使得技术监管日趋重要。在未来经济社会中，物联网的发展使得越来越多的设备会接入金融系统，普惠金融也会将金融服务和产品带给更多的客户群体，这些都使得资金流动、存管更趋于复杂化、碎片化和具备传染性，并使设备的安全管理和资金的安全问题变得愈加重要。此外，金融技术系统的出错、宕机或是智能合约的漏洞都有可能引发技术设施风险，给金融机构带来巨大的、可能超出风险管控范围的损失。

监管的技术属性增强的同时，法律属性也将慢慢增强。因为科技金融相比传统金融具有更强的长尾属性，存在大量 B2C 的零售客户，因此消费者保护问题就表现得更为突出。消费者的资产安全、信息安全和权益保护都是监管的重要方向。在科技金融大潮中，各类金融产品和服务的创新层出不穷，对于很多前所未有的产品和服务，如何从法律的角度定位和解决纠纷也是一大难点和关键点。因此，科技金融生态圈的日渐丰满和金融监管的完善、金融监管的法律边界也是息息相关的。

金融监管属性转变的同时，监管思路也需要有相应的变化。

首先，监管分类应该更加细分和创新。科技金融业务模式和产品日趋复杂化和多样化，对于监管机构来说，应当针对监管对象、机构主体和业务范围进行分类监管，并抓住不同业务的主要风险进行重点监管。对于同一个金融机构的不同子业务模式也应区别监管，使用不同政策。

其次，应注重相互协调。科技金融的跨界性、混业经营和传染性使得风险外溢的效应格外强烈，应该建立有效的协调监管和综合监管机制，使得跨界风险能够及时预警、有效应对。

最后，应更注重系统性风险。科技金融在未来会越来越依赖机器算法得到的结果，而机器如果遵循的是同一类算法，使用同样的数据输入，就会得到同样的输出结果，因此大面积地采用机器算法进行投资和金融服务就有可能引发系统性风险。科技金融的综合化和融通性更会加强和放大这一风险，因此，监管部门应该严防系统性风险引发更大的金融危机。

综上，金融已经走在了与时俱进的科技道路上，而作为一个硬币的另一面，监管思路也应该同时创新，以顺应时代发展的潮流。只有深入了解金融体系和金融体系正在发生的变化，及时调整以适应未来的科技金融模式，才能有效地防范风险，保护消费者利益，促进科技金融的健康发展。

5.2　未来的时代属于可编程经济体

在互联网化的最初阶段，传统行业的业务模式被搬移至新的技术基础设施——互联网上开展业务，例如电子商务、网上银行等。而这仅仅是一个开始，新的数字化革命引领的不仅是范式的业务模式变革，而是更深入的思维、价值传递方式与基础设施的变革。数字化的新业务模式正在开启“可编程经济体”的序幕。我们身处的21世纪，正在以难以想象的速度进行演绎和变化，未来的商业是数字化的。

从1687年牛顿出版《自然哲学的数学原理》起，人类开始发现，大自然造物的语言是数学：抛出去的球会落在何方，天体是如何运动的，一张照片怎么快速地传递给大洋彼岸的朋友，都可以用特定的方程式和计算机语言表达，甚至就连情绪都能在某种程度上可以用方程式来表达。数字化的进程越来越快，科技进步促进了经济发展，也会改变经济的形态，未来的经济将是可编程的，可编程经济的组成部分是数字货币、区块链金融、大数据商业、智能资产和物联网。

5.2.1 数字化货币

货币是经济世界的流通语言，全人类的共同“信仰”。拿我国来说，从最早的货币天然海贝，到西周的无文铜贝、汉代的五铢钱、宋代的交子、明清的金银，再到今天的人民币，货币形态经历了无数的演化和更迭。历史上的货币质地和造型五花八门，到了今天，又成了人们手中花花绿绿的一张纸。而不远的将来，货币会更多地以数字的形式呈现在银行的账目里。

然而，无论是金银还是纸币，货币之所以有价值，其基础在于交易过程中的“信任”：我们信任手里的这张纸币或是银行卡里的数字能换来商品，明天也能；我们的政府也这样信任，于是我们用纸币缴纳税收和社会保险费。只要满足了这样的特征，不具有实体的数字货币也可以行使货币的功能。

目前，全球的数字货币有数千种，可分为数字黄金货币和密码货币两大类型。数字黄金货币与黄金锚定，是一种实物货币的形式，存款以黄金为单位计量。最早的供应商E-gold成立于1996年，此后有很多供应商成立并发行独立的数字黄金货币，多数以公司名字命名。而密码货币就是我们耳熟能详的比特币和它的竞争币了。密码货币不与任何实物锚定，只依靠算法程序和密码、校验技术来创建、分发和维持自身运行。密码货币的一大特点是使用了点对点技术并引入了证明机制。

作为密码货币的领军者和代表，在经历了多年的风风雨雨和大起大落之后，比特币终于引起了许多国家政府从无视到打压再到引起重视的态度转变。许多国家的央行开始探讨由央行发行同时具有密码货币特点和满足央行需要的集中式数字货币的可行性。

从 2015 年开始，伴随着 Fintech 理念的快速普及，作为其代表性技术的区块链技术，受到各国央行和传统金融机构的钟爱。

据悉，英国、荷兰等国家已开始研发国家级的数字货币，以国家税收、声望等作为信用背书，预计在近几年发行，初见成效的有厄瓜多尔币、英国的 RSCoin、加拿大的 CAD-Coin 等。

在传统商业银行层面，高盛、花旗等已开发出用于支付结算的电子货币“SETLCoin”“Citicoin”。不同于传统的中心式交易记账方式，电子货币采用点对点的直接撮合模式，因此，银行不仅能从全新的数据存储、维护和验证方式上节省成本，更能以关闭物理网点、解放现金业务人员等方式来改善银行的经营模式，提高经营效率。2016 年 8 月，瑞士银行、德意志银行、桑坦德银行和纽约梅隆银行宣布联合研发新的电子货币并预计将于 2018 年初投入商用，同时与英国券商 ICAP 共同向各国央行推荐该多功能结算币，希望建立区块链交易结算标准。毋庸置疑，区块链正在悄无声息地改变传统金融业，进而为后者开启了 2.0 的新时代。

数字货币的爆炸式增长，不仅为各个国家提供了战略性的创新机遇，而且对各国监管层带来了实质性的挑战。Mt.Gox、Bitfinex 和 The DAO 等数额巨大的数字货币被盗，洗钱、腐败、偷漏税等违法犯罪活动层出不穷，让数字货币受到国际社会的严重质疑。

与此同时，各国监管层已经开始构建数字货币的动态监管体系。具体来说，采取了以下四种措施：一是提高准入门槛，出台交易平台管理办法，并争取将覆盖范围拓展至除比特币之外更多的数字货币；二是保障信息安全，建立信息安全防护体系，严格防范关键交易数据的泄露；三是强化法律约束，建设网络虚拟货币反洗钱、反欺诈、反腐败等制度体系；四是加大区块链技术投入，将数字货币短期内锚定法定货币，长期内锚定消费行为，有效地挖掘洗钱、腐败、恐怖融资等违法犯罪活动的交易线索。

区块链技术在金融领域的崛起让数字货币的发行渐行渐近，同时，货币政策制定、宏观调控、交易结算、反欺诈、反洗钱等经济活动随之深受影响。因此，随着区块链、云计算等社会生产力的不断提升，势必会引领金融业进入 2.0 时代。

5.2.2 数据化商业

在过去，商业决策与领袖的智慧和决策能力有很大关系，企业的长远发展是辉煌还是末路，都与企业决策层直接相关。数据时代到来以后，商业决策渐渐从管理艺术开始转变为一门数据技术。引入数据化思维和逻辑化决策的科学决策方式更能适应新世纪的数字化趋势。能不能更好地把握这一趋势，将成为未来商业决胜的重大因素。

目前，占总企业数量比例高达 90%的中小微企业存在信用记录缺失的问题，社会征信体系尚未有效建立，使得普惠金融之路困难重重。利用大数据征信所收集到的数据，结合区块链的真实有效、不可篡改特征，能够建立起具有最高公信力的全民征信数据库，这些数据所综合呈现的信用水平也通常是数字化的，例如企业信用评级和个人信用分数。利用这些信用记录，银行可以获取增量客户，向大众提供更多普惠金融服务；企业和个人也可以根据这些具有公信力的信用数据自行融资借贷，助力自金融的形成和发展。

1. 数据化商业能够实现精准数字营销

基于明确的数据库，通过数字化多媒体渠道，可以实现营销的精准化以及营销效果的量化和数据化。工业时代的产品是批量生产的，其营销是以兜售的姿态进行的。许多企业的营销活动已经到了无所不用其极的程度，就是为了让消费者最大可能地购买。如今，指导大众的第一准则就是消费！消费！消费！并且会“贴心地”告诉消费者又该买什么东西了，致使消费者经常在冲动之下买了并不十分需要的产品。

在数字经济时代，传统企业实现数字化时，必须把数字营销作为一个重要的方面予以关注。而数字营销是目标营销、直接营销、分散营销、客户导向营销、双向互动营销、远程或全球营销、虚拟营销、无纸化交易、客户参与式营销的综合。数字营销赋予了营销组合以新的内涵，其功能主要有信息交换、网上购买、网上出版、电子货币、网上广告、企业公关等，它是数字经济时代企业的主要营销方式和发展趋势。例如，将整个产业链从生产、运输、销售到客户反馈，都迁移至一个区块链数据库，从而有效解决了以下三大问题：一是能够解决防伪问题；二是企业可以及时掌握产品的销售情况，随时查看产品市场营销的统计和信息反馈管理工作，让产品销售信息为企业的生产管理提供准确的依据，让企业随着产品销售的市场风向标及时调整方向；三是客户能够便捷、快速地提供反馈，或进行产品需求统计，实现产品或服务的定制化和个性化管理，企业也能快速地调整方向，向消费者更需要的方向转变。

2. 数字化商业能够整合商业数据，重构商业生态圈

很多行业都存在着数据库不全、商业流程不规范甚至潜规则暗流涌动、欺诈频发的状况。例如，在国际贸易行业，商品贸易系统并没有一份完备的流程和信用记录，同一船货品或是同一仓库的库存，在贸易链中，从上游供应商到最终买家的流通过程中，到底经过了几家中间商，银行客户到底是不是真正的中间商，从银行的角度都很难证明。在国际贸易实践中，船运正本提单有时不会及时到达客户手中，客户只能通过复印本提单和赔偿担保函来作为融资单据。银行如果过于谨慎，要求客户提供更多难以提供的单据，就会错失许多业务机会，而如果放宽条件以追求利益，则面临着巨大的、可能超出控制的风险。

区块链技术可以在各行各业建立去中心化、去信任化的数据登记平台和交易系统，有助于减少乱象，便于监管和提高行业声誉。主要有以下四个方面的原因：第一，去中心化的分布式账簿使得商业各交易环节的透明度大大提高，时间戳功能准确地记录了交易发生的时间和先后顺序，使虚假交易无所遁形，真实性和有效性得到了保障。第二，区块链技术不需要公开自身信息便可以取得信任，完成交易，具有匿名性，交易双方的商业信息都得到了很好的保护。记录在册的产品和服务信息也必须是真实有效的，通过数字指纹将产品和服务相互对应，能够自证其信，不需额外证明。第三，区块链是一个自治系统，可以不断完善交易中的各环节和流程，并保证其真实有效，为第三方监管机构提供了便利。第四，区块链的绝妙之处在于可以在其上建立程序化的智能合约，将传统合约的条款通过编程语言事先植入其中，便可以通过条件触发自动执行，执行过程无法人为干扰。在整个商业流程当中，一旦合同签署等条件齐备，价格、成本等信息触发，则自动进行合约推进，到了付款日则自动扣款和划转款项，杜绝了恶意违约和中断合同执行。这样一来，合同执行必将简洁和高效，减少了时间成本和潜在风险，这对金融行业的益处不言而喻。通过这样的数据库构建，形成新的行业标准，将行业生态圈内的各个参与方重新整合，形成新的差异化竞争局面。

5.2.3 区块链企业

分布式自治系统也许是自比特币诞生以来产生的最重要的概念之一。该系统可以通过设置一系列公开、公正的规则，形成无人管理并且无人干预的自主运行系统。分布式自治系统的公开、公正性通常是通过开源软件来实现的。不难发现，比特币就是一个典型的分布式自治系统，并且是第一个成功的全球性分布式自治系统。比特币的所有参与者就好像公司的股东，通过为公司提供服务（挖矿）或者购买股份（比特币）来获得股份，并参与公司运营，通过系统的回报机制和成长获得收益。

过去的几个世纪中，企业发展成为人类文明的主力，支撑了世界经济和科技文明的飞速发展，很多企业甚至富可敌国。而如今随着区块链和分布式自治系统的发明，企业的定义正在悄悄产生转变，贸易链流程、认证、财务系统等，越来越多可以基于区块链智能合约执行的转变即将发生，这些转变可以大大减少运营摩擦，使企业交易变得更加透明和值得信赖。无单一领导模式的分布式自治公司将会被孕育，公司将一系列管理规章制度编码在区块链上，就可以实现自主运营，管理模式被离散，会计责任被分化，公司决策百分之百地透明。

分布式自治公司会是什么样的？

分布式自治公司颠覆了人们对于传统公司的理解和想象，这样的公司是高度自治化的。分布式自治公司不再依赖运营团队和技术人员的维护，而是通过设置公正、公开的管理制度和运营规则，就可以实现无人干预、无人管理的自主运营。公司每一位参与其中的员工就好像比特币中的“矿工”，通过自发参与，从自身利益角度促进公司发展，同时又保障了公司的顺利运行。这样的分布式自治系统使所有员工可以在去信任的环境中高效安全、无摩擦地交换数据，人为的干预并不会起到任何作用。

在这样的分布式自治公司中，每一位员工都是参与者、贡献者，同时又是运营者、管理者，并且来去自由。任何关键人员的流失都不会对分布式自治公司造成重大影响，公司仍然可以平稳、安全地运营。建立在分布式自治系统上的人力资源管理不再需要烦琐冗长的入职和离职流程，区块链的共识机制使员工无须再提供任何证明和证书认证，审核流程也得以缩短。雇员薪酬与奖励系统可以公开、公正运行，在激励员工的同时也保障每位员工能够得到应得的公平奖励。

分布式自治系统使公司的运营风险得以降低。无须维护的自治系统，减少了由于系统维护带来的技术风险、安全风险和信息泄露风险，以及由此带来的公司信誉风险。去中心化的文件存储使公司不再依赖中心服务器，任何宕机都不再会引起重大交易风险事故，有效减少了操作风险。带有时间戳并向全系统公开的交易记录保护了公司交易和账目不被篡改，保证了公司运营的客观和公正性，减少了违规操作的可能性，大大降低了安全性风险、员工道德风险，以及相应的法律风险。

此外，分布式自治公司还具有以下六个优点。

一是公开透明。建立在区块链上的分布式自治系统的基础是开源软件，公开、公正是分布式自治公司的最基本特征。这项特征保证了在公司管理决策方面的百分之百的透明度，去除了小团体暗箱操作的可能性。在公司透明度提高的同时，也提高了所有员工的大局观和参与度，每个人都能理解不同选择及其背后的原因。透明度也增加了对公司的信任，因为你或许不完全信任一个人或组织，却可以完全信任数学。

二是去中心化。去中心化的全员参与构成了公司自治的前提。公司不再由一个高高在上的人或者若干人组成的董事会全权负责，包括运营责任和会计责任在内的所有责任被分散给所有的参与员工。公司自治系统无法被个人或小团体完全控制，杜绝了因为管理人员的缺陷或失误而造成的公司经营不当。作为公司的投资者、客户或其他利益相关者，都可以信任公司的管理运营，相信公司不会因为少数人的失误而造成重大损失。

三是匿名性。由于区块链节点之间交换数据遵循固定的算法，分布式自治系统会自动判断信息是否真实有效，因此数据的交换是去信任化的，这就是区块链中的共识机制。参与其中的每位员工因此也无须公开身份信息。此项底层加密技术的应用使得自治化的完全匿名企业投票成为可能，对企业信用积累和企业民主性的推行有很大帮助。

四是民主性。每一项公司决策的通过都必须经过民主投票来决定，包括公司分布式自治系统的核心协议和规则的制订与修改。而分布式自治系统的去中心化和自治的特性也决定了公司必须是一个民主投票的机构。分布式自治公司很好地调动了员工的积极性，减少了公司层级，极大地增加了自由度和灵活度。

五是业务连续性。公司的运营系统建立在区块链上，有非常高的可靠性和容错性。这个点对点的运营网络当中的每一个节点都保存着完整的数据副本，任何节点出错都不会影响整个系统的安全运营。分布式自治系统保障了公司业务的连续性。试想象一个全球性的交易平台，在没有复杂技术的情况下，不需要担心宕机的风险，也不需要担心被攻击或篡改，更不需要频繁的系统压力测试，在降低技术成本和提高信誉度方面有着多么巨大的影响！

六是营利性。每一位参与公司活动的员工都可以成为公司的股东，通过自治运营和系统成长来获得收益。这是非常重要的，因为公司的首要目的是实现利益最大化，从而使股东获得长期收益。分布式自治公司通过使员工获得系统发展带来的奖励来实现。营利性和公司本身的价值性相关，但是只要有利益存在，即使利润并不高，公司也会积极地自主运营下去。

关于分布式自治的一切并非空谈。事实上，建立在成熟技术发展和管理模式上的第一个分布式自治系统——比特币系统已经被证实是可行的，并且已经实现了工业化。我们突然发现，站在几个世纪以来占据全球经济主体的垂直化制度公司的对面，顺应扁平化、分散化制度的发展趋势，数字化革命早已经引领我们走入了新的阶段。因此，我们相信在不久的将来，去中心化的自治系统模式将会带领我们创建出新型的分布式自治公司，甚至发展出一个新型的可编程经济体。分布式自治公司的构想带给了我们无限的空间和可能，而这一切的最终实现都将取决于创建者的奇思妙想。

5.3　从比特币到无限

区块链的去中心化、公开透明、去信任化、不可篡改和匿名的特征使得这项技术可以广泛地应用于诸多领域。区块链1.0时代是数字货币和支付的时代。区块链2.0时代将传统合约转变为会自动运行的智能合约，价值交换和纠纷处理都会根据事件的触发自动执行，高效并且便捷。随着技术的发展，我们正在进入区块链3.0时代，区块链将会被用于全社会的底层设施建设和物联网，每一个人和设备都会被连接在区块链网络当中，全球将进入智能和信任时代。除了银行、证券、保险等金融领域，诸多泛金融商业应用都是区块链的可用武之地。

5.3.1 登记证明

区块链能够通过去信任化来探索和改善登记与证明市场。利用区块链的分布式记账和时间戳功能，可以打造出分送各机构的真实准确的全新数据库技术，从而创造出颠覆性的解决方案。

法国巴黎银行（BNP PARIBAS）旗下的金融科技加速器 L' Atelier 正在正通过分布式账本开发转移法律文件的全球文本代码。随着全球数字化的发展，电子证据变得日益重要，被越来越多地用于法律诉讼证据。然而电子证据易被篡改和易被破坏的特性给司法鉴定带来了一定困难。如果将文件和信息保存在区块链上，使得文件的数据安全性、真实可信度和易得性大大提高，那么对电子证据的司法鉴定和责任认定将起到很大的帮助作用。

同理，公证和所有权证明也可以利用区块链解决方案来建立去中心化的数据库。所有新生成的产权和交易都可以快速地通过区块链进行全网广播和认证，并进行在线交易，无须通过第三方中介，买家和卖家可以直接在区块链上的网站进行相互可信任的交易，因为区块链确保了交易资产和交易过程的真实性。并且，区块链的数字指纹和时间戳功能因其不可篡改性具有非常强的法律效力和公信力。例如，数字艺术和媒体平台 Monegraph 公司将数字艺术品记录在区块链上，从一张业余照片到价值连城的艺术家名作，都可以在区块链上进行登记、买卖或者出租，使知识产权得到了保护。并且，利用区块链全网共同维护的自治性，可以将认证和交易的办理成本降低甚至抹去。Edgelogic 公司将贵重的钻石登记于区块链账目记录本上，可以确保钻石的真实合法性和追溯交易历史，通过增加盗贼出售的难度来保障贵重的钻石的安全。我们也不再需要跑到公证机关去证明亲属关系，证明我的资产是属于我的，或者证明我的证件和学历是真实有效的，因为这些都被保存在区块链上了。一旦需要证明，区块链网络上的所有人都可以作证。

股东股权登记、学位学历证明登记、土地所有权、房屋产权甚至婚姻登记，越来越多的所有权和登记证明被前沿的初创公司应用于区块链上，在减少了运营成本的同时，又大大增加了公信力和法律效力。当区块链被广泛地应用于登记和证明，一切虚假和伪造的事物将浮出水面，去信任化的社会将被建立。我们信任区块链就好像信任真理。是的，你可以不相信任何人，但你不能不相信数学；你也可以欺骗任何人，但你不可能欺骗区块链。

5.3.2　智能社会

比特币作为一个无人维护、无人运营的分布式自治系统，至 2016 年已成功运行到了第 7 年，这使我们看到了利用区块链技术运行智能合约的巨大潜力。也就是说，我们可以将任何合同条款编辑为开源代码并通过区块链技术运行，条款和数字资产的转移通过事件的触发机制自动执行。例如，将电脑控制的装置和加密货币连接在一起，付款之后就可以自动使用某项设备。Uber 就是一个智能合约的例子（虽然 Uber 的汽车还需要人类操作，不能完全自动运行），它提供了一个价值交换平台，乘客在线提出一个乘车需求，司机提供服务并记录在系统之中，乘车服务完成后系统自动付款，完成整个合约。

国际上的众多机构已经看到了数字资产和智能合约的巨大潜力，纷纷开始研究开发智能合约项目。Ripple 实验室发布了智能合约应用智能神谕（Smart Oracles）和智能协议平台 Codius，一定程度上为开发者、企业家、进取的法律和金融相关工作者提供了新的可能性。以前需要冗长的法律条款约定的协议，如今可以用程序的语言写成代码，并通过智能神谕自动运行。巴克莱银行基于国际区块链联盟 R3CEV 的新分布式账本平台 Corda 开发了智能合约，应用于衍生品贸易。以太坊通过提供完整的智能合约解决方案，把传统合同转化为智能合约，通过程序订立和执行，使人工无法干预执行过程，解决了传统合同根据法律订立执行，通过律师和法院人为处理纠纷所产生的棘手问题，几乎可以做到零纠纷。智能合约拥有广泛的应用前景，一切传统合约都有转移为智能合约的可能。即使一些合约目前还不能做到完全自动化，但引入一些书面仲裁、归属辖区等协议，可以让现有的合约更智能。

除了商业合约，政府等公共部门也可以利用区块链让运行更高效、更智能。区块链的加密技术和匿名性特征可以应用于政府敏感数据保存，其他方面如税收、养老金管理、独立审计、政府预算管理、选举、人口管理等，均可成为区块链智能合约开发的项目。例如，英国正在推行一个税收监管的智能合约体系，该体系将税收法律分布式部署在全国，利用区块链的不可篡改性和时间戳功能监测公司和项目运营流程的全过程，确保其真实合法性，并安全保存交易记录；同时，通过多部门、多节点的共同监督和维护，错误的和不真实的交易记录会很容易被检测出来，增强了透明性和可追踪性，让黑市经济在透明的税收监管智能合约体系和全网节点的追踪下无所遁形。在这样的智能体系下，每一笔交易都被确认是真实有效的，并且会根据事先植入的税收协议在适当的时间交付税项，大大减少了偷税漏税和洗黑钱的可能。如果有企业暂时侥幸逃脱监管，它们的违法交易记录也由于区块链的不可篡改性而永久保存其中。

健康行业也是区块链应用的一片蓝海。在医疗数据高效和安全储存以及不被更改、让病人掌握自己的电子健康病例、药品真伪验证及供应链监视、患者身份管理和隐私安全、理赔过程纠纷鉴定、基因数据库和健康网络建立等方面，区块链可以帮助医疗健康行业找到更优的解决方案、有效的研发药物、减少医疗事故的发生、增强患者对医药行业的信任。目前已有数家区块链初创公司布局医疗行业，如 Gem、Healthnautica、BitHealth、DNA. Bits 都在研究医疗数据库和健康管理，Block Verify 将区块链应用于验伪，医疗业巨头 Philips 也在开发基于区块链的医疗健康系统。

在区块链 2.0 的智能合约时代，我们可以将区块链广泛应用于各个行业，建立起一个智能的社会。政府建立起电子身份认证系统，每个人的数据都被安全地储存其中，纳税记录、养老金管理和个人信用记录均被不可篡改地永久留存。大到国家项目、商业合约，小到自行车租赁，都可以智能地执行。如同神谕一般的智能合约，可以帮助我们有效减少摩擦、增加信任、打造一个高效而智能的社会。

5.3.3 物联时代

万物互联是未来的发展趋势，随着科技发展的日新月异，物联网已经得到了加速进化。智能设备已经越来越多地出现在我们的周围，例如，家庭网络技术将智能家电、PC、安全系统、照明系统和广域网连接在一起，进行家庭安防报警，自动调控灯光、温度、背景音乐、门禁控制等智能操控功能。随着智能设备的发展呈现指数级增长态势，物联网生态合作体系中的设备建立了从大型机械设备到微小的传感装置在内的庞大网络，越来越多的连接使得风险也在成倍增长，隐私保护、安全性和容错性已经成为重中之重。

应用区块链技术将智能设备互联，可以通过去中心化的共识机制保护连接系统的安全性和隐私性，同时通过一系列事先达成的公开协议和规则的制定使每一个智能设备成为一个自我维护的节点，并且可以与其他节点进行价值交换的身份确认，如同比特币中的“矿工”。由于设备可以进行自我维护和独立调节，并且能够发送信息，能够极大降低人工维护和检修的必要。例如，美国公司 Filament 在澳大利亚偏远地区的电线杆上进行所谓的“龙头”（Taps）试验。这些“龙头”包含湿度、温度、光和声音等传感器，用来长期监测和分析电网情况，是一个区块链上的自我维护的节点。这些“龙头”还被植入了通讯功能，一旦发生故障，探测器会根据事先植入的智能程序发布全网广播，通知其他电线杆，回传故障信息，并将电力传输任务暂时分配给临近的节点（电线杆）。其他的节点通过区块链认证其身份并接收信息传递和电力分配任务。区块链的去中心化和自治性使得电力公司可以不用花费巨额的检修成本即可保持电力的安全供应。同时，收集到的数据还能传输给其他有需要的用户——政府、厂商、环保部门——用于大数据分析。基于区块链的电线杆身份认证和自维护智能合约是智能电网的核心。

物联网的应用范围非常广泛，遍及智能家居、国家安防、医疗健康、贸易物流、农业监测、智能交通、智能电网、工业监测、环境保护和智慧城市等众多领域。IDC 的统计数据显示，到 2020 年，物联网的市场规模将达到 3

万亿美元，而全球物联网设备则会达到300亿台。在未来，地球上的几十亿人口和成百上千亿的机器设备可以连接在同一个网络上，区块链技术可以帮助物联网建立一个可不断拓展并且自由进出的网络，同时又通过共识机制和去中心化等特征保障了安全，保护了隐私。人与人、人与机器、机器与机器可以自由地交换价值和信息，进行去中心化的协同和共享。全球向着去信任化的社会体加速迈进。虽然物联网上的设备和人不都是值得信任的，但在基于区块链技术的物联网上，它们只能表现得和“好的”设备和人一样，而不能表现出“恶意”，因为区块链在看着它们。

区块链技术引起全球广泛关注的时间很短，一切还在飞速发展。虽然它远未成熟，但带给我们的是一个新的契机和一个新的转折点。未来已来，工业经济时代终将成为过往，数字化革命已经带领我们走向新的时代。区块链作为一种前沿的创新技术，在刚刚进入人类视野时带来的颠覆性震撼让人无法言说，而区块链的可应用范围之广又瞬间引爆了全球创新界的兴奋点。人们不断猜想、设计、探索和研发，产生了诸多可以给经济和社会带来巨大改变的应用和前景。